三国志

[西晋] 陈寿·撰
乙力·编译

插图精译

陕西新华出版 三秦出版社

图书在版编目（CIP）数据

三国志 /（西晋）陈寿撰 ；乙力编译．-- 西安 ：三秦出版社，2008.01（2024.1 重印）
（国学百部经典丛书）
ISBN 978-7-80736-322-4

Ⅰ．①三… Ⅱ．①陈… ②乙… Ⅲ．①中国－古代史－三国时代－纪传体②三国志－译文 Ⅳ．① K236.042

中国版本图书馆 CIP 数据核字（2007）第 188775 号

书　　名　三国志
作　　者　［西晋］陈寿 撰　乙力 编译
责　　编　鱼治文
封面设计　新华智品

出版发行　三秦出版社
社　　址　西安市雁塔区曲江新区登高路 1388 号
电　　话　（029）81205236
邮政编码　710061
印　　刷　北京一鑫印务有限责任公司
开　　本　680×1020　1/16
印　　张　9
字　　数　150 千字
版　　次　2008 年 4 月第 2 版
印　　次　2024 年 1 月第 2 次印刷
标准书号　ISBN 978-7-80736-322-4

定　　价　39.80 元
网　　址　http://www.sqcbs.cn

前　言

《三国志》是记述东汉末年到西晋统一间这段历史的一部史学名著，它记述的主要是魏、蜀、吴三国的历史，故称《三国志》。《三国志》历来备受推崇，它与《史记》《汉书》《后汉书》合称“前四史”，而前四史被公认为是二十四史中成就最高的四部史书。由于具有巨大的史学价值和文学价值，《三国志》不仅在史学史上占有崇高的地位，而且对后世的社会文化也产生了极大的影响。

《三国志》是一部记载魏、蜀、吴三国鼎立的纪传体国别史，详细记载了从魏文帝黄初元年（220）到晋武帝太康元年（280）六十年的历史。陈寿（233–297），字承祚，巴西安汉（今四川南充）人。一生历仕蜀汉和西晋两朝。在蜀汉时，陈寿出仕东观秘书郎、散骑黄门侍郎。入晋后，他历任佐著作郎、著作郎、平阳侯相、治书侍御史等职。晋武帝太康元年，西晋灭吴。此时陈寿四十八岁，开始着手整理三国史事，先后撰成《魏书》《蜀书》《吴书》，所以称为《三国志》。《三国志》共六十五卷，包括《魏书》三十卷、《蜀书》十五卷、《吴书》二十卷。《魏书》由“纪”“传”两部分组成，纪包括《武帝纪》《文帝纪》《明帝纪》《三少帝纪》四篇，传以《后妃传》居首。《蜀书》和《吴书》只有传而无纪，传在顺序排列上，犹如一部独立的纪传体史作，居首的是两国君主的传记，以及与蜀、吴有承袭关系的人物传记。《三国志》不仅是一部史学巨著，更是一部文学巨著。陈寿在尊重史实的基础上，以简练、优美的语言为我们绘制了一幅幅三国人物肖像图。全书叙事生动、文笔优美、可读性较强。

编　者

2008 年 1 月

目　录

武帝纪…………1
董卓传…………10
袁绍传…………16
吕布传…………25
郭嘉传…………33
钟会传…………38
华佗传…………49
先主传…………58
诸葛亮传…………70
关羽传…………84
张飞传…………88
姜维传…………92
吴主传…………99
周瑜传…………111
吕蒙传…………118
陆逊传…………129

武 帝 纪

【提要】

曹操(155—220)，三国时期政治家、军事家、文学家。字孟德，沛国谯县(今安徽亳州)人。东汉末，在镇压黄巾起义中，逐步积蓄军事力量。200年官渡之战消灭了世族军阀袁绍。又陆续削平了其他割据势力，统一了北方。208年任丞相，率军南下，被孙权、刘备联军击败于赤壁。后封魏王。死后其子曹丕称帝，追尊为武帝。善用兵，曾注释《孙子兵法》等书。所作散文，简洁朴素，乐府诗歌，慷慨激昂，是建安文学的代表人物之一。

【原文】

太祖武皇帝，沛国谯人也，姓曹，讳操，字孟德，汉相国参之后。桓帝世，曹腾为中常侍、大长秋，封费亭侯。养子嵩嗣，官至太尉，莫能审其生出本末。嵩生太祖。

曹 操

【译文】

太祖武皇帝，沛国谯县人，姓曹，名操，字孟德，是汉朝相国曹参的后代。桓帝时，曹腾任中常侍、大长秋，封费亭侯。曹腾死后，养子曹嵩继承爵位，官做到太尉，但没人能知道他的出生本末。曹嵩生太祖。

【原文】

太祖少机警，有权数，而任侠放荡，不治行业，故世人未之奇也。惟梁国桥玄、南阳何颙异焉。玄谓太祖曰：“天下将乱，非命世之才不能济也。能安之者，其在君乎！”年二十，举孝廉为郎，除洛阳北部尉，迁顿丘令，征拜议郎。

【译文】

太祖从小很机敏，有计谋。但是爱打抱不平，放荡不拘，不注意修养品行、讲求学业，因此周围的人并不特别看重他。只有梁国人桥玄、南阳人何颙认为他非同寻常。桥玄对太祖说："天下将要大乱，没有治世之才是不能拯救的。能够安定天下的人，就看你啊！"二十岁，被推荐为孝廉，做郎官，出任洛阳北部尉，再升为顿丘县令，后来又被征召入朝任议郎。

【原文】

（初平三年）青州黄巾众百万入兖州，杀任城相郑遂，转入东平。刘岱欲击之，鲍信谏曰："今贼众百万，百姓皆震恐，士卒无斗志，不可敌也。观贼众群辈相随，军无辎重，唯以抄略为资，今不若畜士众之力，先为固守。彼欲战不得，攻又不能，其势必离散，后选精锐，据其要害，击之可破也。"岱不从，遂与战，果为所杀。信乃与州吏万潜等至东郡迎太祖领兖州牧。遂进兵击黄巾于寿张东。信力战斗死，仅而破之。购求信丧不得，众乃刻木如信形状，祭而哭焉。追黄巾至济北。乞降。冬，受降卒三十余万，男女百余万口，收其精锐者，号为青州兵。

【译文】

[初平三年（192）]山东青州的黄巾军有百万之众，他们攻下兖州，杀了任城相郑遂，转而攻入东平。兖州刺史刘岱准备攻击黄巾军，鲍信劝阻说："现在黄巾人众百万，百姓惊恐，士兵没有斗志，是打不过的。我看贼兵和家属成群结伙地相随，军队也没有粮草物资，只靠抢掠为生。目前不如积蓄兵力，先作固守。敌人欲战不得，攻又不能，势必离散；然后挑选精锐部队，占据要害之地，发动进攻，就可以把它击溃。"刘岱不听，与黄巾作战，果然被黄巾所杀。鲍信与州吏万潜等到东郡迎接太祖代理兖州牧。于是太祖进兵，在寿张县东攻打黄巾。鲍信力战而死，这才勉强把黄巾击败。太祖悬赏寻求鲍信的尸体，没有找

镇压黄巾

到，于是大家雕刻了鲍信的木雕像举行奠祭，人们都哭了。接着追击黄巾到济北，黄巾请求投降。这年冬季，接受降兵三十多万，男女百余万口，择取其中的精锐当兵，号称“青州兵”。

【原文】

（建安元年）汝南、颍川黄巾何仪、刘辟、黄邵、何曼等，众各数万，初应袁术，又附孙坚。二月，太祖进军攻破之，斩辟、邵等，仪及其众皆降。天子拜太祖建德将军，夏六月，迁镇东将军，封费亭侯。秋七月，杨奉、韩暹以天子还洛阳，奉别屯梁。太祖遂至洛阳，卫京都，暹遁走。天子假太祖节钺，录尚书事。洛阳残破，董昭等劝太祖都许。九月，车驾出轘辕而东，以太祖为大将军，封武平侯。自天子西迁，朝廷日乱，至是宗庙社稷制度始立。

【译文】

[汉献帝建安元年（196）]汝南、颍川地区的黄巾军何仪、刘辟、黄邵、何曼等，各自有几万人，起初响应袁术，后来又投靠孙坚。二月，太祖进军打败了他们，杀掉刘辟、黄邵等，何仪与其部下都来投降。汉献帝任命太祖为建德将军。六月，升为镇东将军，封费亭侯。七月，杨奉、韩暹将天子送回洛阳，杨奉另驻梁县。太祖进兵洛阳，保卫京都，韩暹逃走。天子授予太祖符节黄钺，总统内外诸军，并录尚书事，总领朝政。洛阳残破，董昭等劝太祖迁都许县。九月，汉献帝从轘辕谷东出到了许，于是以太祖为大将军，封武平侯。自从皇帝西迁长安，朝廷一天比一天混乱，到这时才重新建立起宗庙社稷和各种制度。

【原文】

天子之东也，奉自梁欲要之，不及。冬十月，公征奉，奉南奔袁术，遂攻其梁屯，拔之。于是以袁绍为太尉，绍耻班在公下，不肯受。公乃固辞，以大将军让绍。天子拜公司空，行车骑将军。是岁用枣祗、韩浩等议，始兴屯田。

【译文】

当天子东迁许都的时候，杨奉想从梁县出兵拦截，但没有赶上。十月，曹公讨伐杨奉，杨奉南奔袁术，于是进攻他在梁县的军营，一举攻破。这时汉献帝任命袁绍为太尉，袁绍耻于官位在曹公之下，不肯接受。曹公因此坚决辞去大将军，而让给袁绍。于是汉献帝改任曹公为司空，代理车骑将军。这一年，采纳枣祗、韩浩等人的建议，开始实行屯田。

【原文】

（建安四年）是时，袁绍既并公孙瓒，兼四州之地，众十余万，将进军攻许。诸将以为不可敌，公曰："吾知绍之为人，志大而智小，色厉而胆薄，忌克而少威，兵多而分画不明，将骄而政令不一，土地虽广，粮食虽丰，适足以为吾奉也。"秋八月，公进军黎阳，使臧霸等入青州，破齐、北海、东安，留于禁屯河上。九月，公还许，分兵守官渡。冬十一月，张绣率众降，封列侯。十二月，公军官渡。

【译文】

[建安四年（199）]当时，袁绍吞并了公孙瓒，兼有四州之地，人马十几万，将要进军攻许。诸将认为敌不过他，曹公说："我了解袁绍的为人，志向大而才智低，外表强而胆量小，嫉妒刻薄而缺乏威严，兵多而部署不明，将领骄横而政令不一。所以，土地虽然广大，粮食虽然丰富，但正好用来奉送给我。"八月，曹公进军黎阳，派臧霸等进入青州，攻破齐、北海、东安等郡，留于禁驻扎在黄河边。九月，曹公回到许，分兵守官渡。十一月，张绣率部投降，封为列侯。十二月，曹公进驻官渡。

【原文】

（建安五年）八月，绍连营稍前，依沙塠为屯，东西数十里。公亦分营与相当。合战不利。时公兵不满万，伤者十二三。绍复进临官渡，起土山地道。公亦于内作之，以相应。绍射营中，矢如雨下，行者皆蒙楯，众大惧。时公粮少，与荀彧书，议欲还许。彧以为："绍悉众聚官渡，欲与公决胜败。公以至弱当至强，若不能制，必为所乘，是天下之大机也。且绍，布衣之雄耳，能聚人而不能用。夫以公之神武明哲而辅以大顺，何向而不济！”公从之。

【译文】

[建安五年（200）]八月，袁绍连接军营逐渐向前推进，靠近沙堆扎营，东西数十里。曹公也分兵营与他相对，可交战不利。当时曹公兵不足一万，受伤的有十分之二三。袁绍又进兵抵官渡，起土山，挖地道。曹公也在自己防线内做土山、地道与他相应。袁绍军向曹营射箭，真是箭如雨下，走路的人都得用盾牌掩蔽，士兵都很害怕。当时军粮也不多，所以曹公给荀彧写信，商议打算回许。荀彧在回信中说：“袁绍全部人马聚集官渡，想同您决一胜败。您以最弱的兵力对付最强的敌人，如不能压倒他，就一定会被他乘机打败。这是天下成败的重要关头。袁绍此人，只能算是平民中的一个强者，能聚集人才而不能正确加以使用。凭着您非凡的勇武和智慧，再加上您代天子讨伐奸贼，名正言顺，哪有不成功的呢！”曹公听从了他的意见。

【原文】

袁绍运谷车数千乘至，公用荀攸计，遣徐晃、史涣邀击，大破之，尽烧其车。公与绍相拒连月，虽比战斩将，然众少粮尽，士卒疲乏。公谓运者曰：“却十五日为汝破绍，不复劳汝矣。”冬十月，绍遣车运谷，使淳于琼等五人将兵万余人送之，宿绍营北四十里。绍谋臣许攸贪财，绍不能足，来奔，因说公击琼等。左右疑之，荀攸、贾诩劝公。公乃留曹洪守，自将步骑五千人夜往，会明至。琼等望见公兵少，出阵门外，公急击之，琼退保营，遂攻之。绍遣骑救琼。左右或言“贼骑稍近，请分兵拒之”。公怒曰：“贼在背后，乃白！”士卒皆殊死战，大破琼等，皆斩之。绍初闻公之击琼，谓长子谭曰：“就彼攻琼等，吾攻

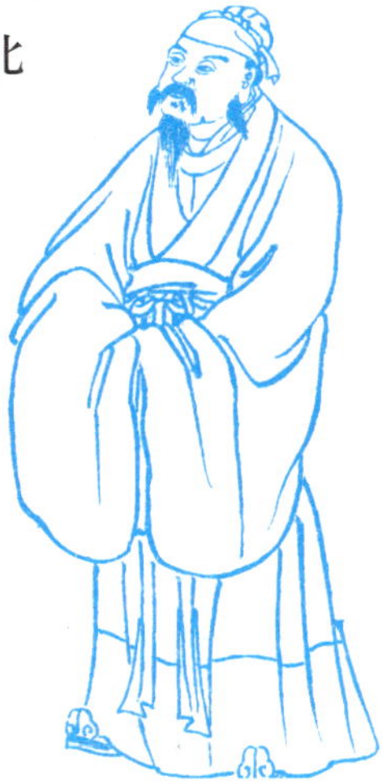

荀攸

拔其营，彼固无所归矣！”乃使张郃、高览攻曹洪。郃等闻琼破，遂来降。绍众大溃，绍及谭弃军走，渡河。追之不及，尽收其辎重图书珍宝，虏其众。公收绍书中，得许下及军中人书，皆焚之。冀州诸郡多举城邑降者。

【译文】

袁绍的运粮车来了好几千辆，曹公用荀攸的计策，派遣徐晃、史涣截击，大破敌军，把运粮车全部烧毁。曹公与袁绍相持好几个月，虽然屡次战斗斩杀敌将，但兵少粮尽，士卒疲乏。曹公对运粮的人说：“再过十五天我为你们打败袁绍，就不再有劳你们了。”十月，袁绍派车运粮，让淳于琼等五人带兵万余人护送，住宿在袁绍的大营北四十里。袁绍的谋臣许攸贪财，袁绍不能满足，许攸此时来投奔曹公，并劝说曹公袭击淳于琼等。左右的人都认为可疑，只有荀攸、贾诩劝曹公前往。于是曹公留曹洪守营，自己率领步兵、骑兵共五千人乘夜前往，正好天明到达。淳于琼等望见曹公兵少，出营门外摆开阵势。曹公急速进击，淳于琼退保军营，曹公于是挥军攻营。袁绍遣骑兵援救淳于琼。左右的人有的说：“敌人的骑兵逐渐靠近，请分兵抵御。”曹公发怒说：“敌人来到背后，再禀告我！”士兵们都拼死战斗，大破淳于琼等，把五人全部杀死。袁绍起初听说曹公去打淳于琼，对长子袁谭说：“就让他进攻淳于琼吧，我攻破他的大营，他就无处可归了！”于是派张郃、高览进攻曹洪。张郃等人听说淳于琼被打败，就前来投降了。袁绍的部队大溃，袁绍和袁谭弃军逃走，渡过黄河。曹公军追赶不及，缴获了全部军用物资、图书珍宝，俘虏了袁军大量兵众。曹公从收缴的袁绍书信中，得到许都和军中人写给袁绍的信，他全部付之一炬。冀州很多郡都举城前来投降。

乌巢焚粮

【原文】

三郡乌丸承天下乱，破幽州，略有汉民合十余万户。袁绍皆立其酋豪为单于，以家人子为己女，妻焉。辽西单于蹋顿尤强，为绍所厚，故尚兄弟归之，数入塞为害。公将征之，凿渠，自呼沲入泒水，名平虏渠；又从泃河口凿入潞河，名泉州渠，以通海。

【译文】

三郡乌丸趁天下战乱，攻破幽州，虏掠汉人共十余万户。袁绍将他们的首领都任命作单于，并以本家女儿作为自己的女儿嫁给他们。辽西单于蹋顿最强，受袁绍厚待，所以袁尚兄弟投奔他，多次进入边塞为害。曹公将要征讨乌丸，因此开凿河渠，从呼沲河引水入泒水，名叫平虏渠；又从泃河口凿渠流入潞河，名叫泉州渠，以通大海。

【原文】

（建安十二年）将北征三郡乌丸，诸将皆曰："袁尚，亡虏耳，夷狄贪而无亲，岂能为尚用？今深入征之，刘备必说刘表以袭许。万一为变，事不可悔。"惟郭嘉策表必不能任备，劝公行。夏五月，至无终。秋七月，大水，傍海道不通，田畴请为乡导，公从之。引军出卢龙塞，塞外道绝不通，乃堑山堙谷五百余里，经白檀，历平冈，涉鲜卑庭，东指柳城。未至二百里，虏乃知之。尚、熙与蹋顿、辽西单于楼班、右北平单于能臣抵之等将数万骑逆军。八月，登白狼山，卒与虏遇，众甚盛。公车重在后，被甲者少，左右皆惧。公登高，望虏陈不整，乃纵兵击之，使张辽为先锋，虏众大崩，斩蹋顿及名王以下，胡、汉降者二十余万口。辽东单于速仆丸及辽西、北平诸豪，弃其种人，与尚、熙奔辽东，众尚有数千骑。初，辽东太守公孙康恃远不服。及公破乌丸，或说公遂征之，尚兄弟可禽也。公曰："吾方使康斩送尚、熙首，不烦兵矣。"九月，公引兵自柳城还，康即斩尚、熙及速仆丸等，传其首。诸将或问："公还而康斩送尚、熙，何也？"公曰："彼素畏尚等，吾急之则并力，缓之则自相图，其势然也。"十一月至易水，代郡乌丸行单于普富卢、上郡乌丸行单于那楼将其名王来贺。

【译文】

[建安十二年（207）]曹公将要北征三郡乌丸，诸将都说："袁尚不过是个逃敌罢了，夷狄贪婪无厌，六亲不认，哪能被袁尚所利用？如今深入征讨乌丸，

刘备必然劝说刘表来袭击许都。万一出了事，后悔就来不及了。”只有郭嘉料定刘表必不能采用刘备的意见，劝曹公出征。五月，曹公率军到无终。七月，涨大水，沿海道路不通，田畴请求担任向导，曹公同意了。于是带领军队出卢龙塞，塞外道路隔绝不通，就凿山填谷五百多里，经白檀，过平冈，经历鲜卑首领的驻地，往东直指柳城。直到离柳城只有二百里，敌人才知道。袁尚、袁熙与乌丸王蹋顿、辽西单于楼班、右北平单于能臣抵之等率领几万骑兵迎战曹军。八月，曹公登白狼山，突然与敌人相遇，敌军人数很多。曹公运军械的车还在后面，披铠甲的军士很少，左右的人都很害怕。曹公登上高处，望见敌军队列不整，于是放兵出击，使张辽为先锋，结果敌军大溃，杀死蹋顿及有名的首领多人，胡人、汉人投降的达二十多万。辽东单于速仆丸及辽西、右北平乌丸的首领们丢下本族的人，与袁尚、袁熙逃奔辽东，部下还有几千骑兵。起初，辽东太守公孙康恃仗居地遥远，不服从曹公。及至曹公打败乌丸，有人劝公乘机征伐辽东，这样袁尚兄弟就可以捉获了。曹公说：“我将要使公孙康斩袁尚、袁熙的首级送来，无须出兵了。”九月，公领兵从柳城回来，公孙康随即斩了袁尚、袁熙以及速仆丸等人，把他们的人头传送了来。部将中有人问曹公：“您一回师，公孙康就斩袁尚、袁熙，将首级送来，这是为什么？”曹公说：“公孙康素来畏惧袁尚等，我逼急了，他们就会并力来对付我们，放松一点他们就会自相残杀。根据形势推测，必然如此。”十一月，到易水，代郡乌丸代理单于普富卢、上郡乌丸代理单于那楼率领属下的有名首领都来祝贺。

【原文】

（建安十三年）秋七月，公南征刘表。八月，表卒，其子琮代，屯襄阳，刘备屯樊。九月，公到新野，琮遂降，备走夏口。公进军江陵，下令荆州吏民，与之更始。乃论荆州服从之功，侯者十五人，以刘表大将文聘为江夏太守，使统本兵，引用荆州名士韩嵩、邓义等。益州牧刘璋始受征役，遣兵给军。十二月，孙权为备攻合肥。公自江陵征备，至巴丘，遣张熹救合肥。权闻熹至，乃走。公至赤壁，与备战，不利。于是大疫，吏士多死者，乃引军还。备遂有荆州、江南诸郡。

【译文】

[建安十三年（208）]秋七月，曹公南征刘表。八月，刘表死，他的儿子刘琮继任荆州牧，驻在襄阳，刘备驻守在樊城。九月，曹公到新野，刘琮投降，

刘备跑到夏口。曹公进军江陵，传令给荆州的官吏人民，宣布同他们一道除旧布新。于是评定荆州归服的功劳，封列侯的有十五人；任用刘表手下大将文聘做江夏太守，使他统率原有的军队；还举用荆州名士韩嵩、邓义等。益州牧刘璋开始接受征调兵役，派兵补充军队。十二月，孙权为帮助刘备而进攻合肥。曹公从江陵出发征讨刘备，到了巴丘，又派张憙救合肥。孙权听说张憙来到，就退走了。曹公到赤壁，与刘备作战，不利。这时发生了严重的瘟疫，官兵死的很多，只好带领军队回来。于是刘备占有了荆州、江南各郡。

【原文】

十四年春三月，军至谯，作轻舟，治水军。秋七月，自涡入淮，出肥水，军合肥。辛未，令曰："自顷已来，军数征行，或遇疫气，吏士死亡不归，家室怨旷，百姓流离，而仁者岂乐之哉？不得已也。其令死者家无基业不能自存者，县官勿绝廪，长吏存恤抚循，以称吾意。"置扬州郡县长吏，开芍陂屯田。十二月，军还谯。

【译文】

建安十四年（209）三月，军队到达谯县，造轻舟，训练水军。七月，从涡水进入淮水，从肥水上岸，驻兵合肥。辛未这一天，下令说："近年以来，军队多次出征，有时还遇上瘟疫，兵士死亡不能回家，妻子失去丈夫，百姓流离失所，有仁爱之心的人难道喜欢这样吗？这是不得已啊！现命令：死者家中没有产业不能维生的，官府不得停发口粮，地方长官要加以抚恤慰问，以称我的心意。"设置扬州各郡县的长官，兴办芍陂地区的屯田。十二月，军队回到谯县。

【原文】

十五年春，下令曰："自古受命及中兴之君，曷尝不得贤人君子与之共治天下者乎！及其得贤也，曾不出闾巷。岂幸相遇哉？上之人不求之耳。今天下尚未定，此特求贤之急时也。'孟公绰为赵、魏老则优，不可以为滕、薛大夫'。若必廉士而后可用，则齐桓其何以霸世！今天下得无有被褐怀玉而钓于渭滨者乎？又得无盗嫂受金而未遇无知者乎？二三子其佐我明扬仄陋，唯才是举，吾得而用之。"冬，作铜雀台。

【译文】

大宴铜雀台

建安十五年（210）春，下令说："自古以来，受天命开国和中兴的君主，何尝不是得到贤人君子，同他们一道治理天下呢！当这些君主得到贤人的时候，连闾里街巷都没有出去过，这难道是侥幸相遇吗？其实贤人并不难得，只不过居于上位的人不去求取罢了。现今天下尚未平定，正是急需求贤的时候。孔子说：'孟公绰当赵、魏诸卿的家臣是力有余裕的，但不能用他做滕、薛这类小国的执政大夫。'这说明人的德才各有长短，不可责备求全。如果一定要廉洁之士才可以使用，就连管仲也不能用，那么齐桓公又怎么能称霸天下！现在国内是否有像吕尚那样身披布衣，怀抱高才，在渭水边钓鱼的人呢？又是否有像陈平那样与嫂私通、接受贿赂，还没有遇上魏无知推荐的人呢？你们要帮助我发现和提拔那些地位卑微的贤人，唯才是举，使我得以使用他们。"冬天，修建铜雀台。

董 卓 传

【提要】

董卓（？—192），东汉末将军。字仲颖，陇西临洮(今甘肃岷县)人。初为州兵马掾，中平元年(184)，率兵入洛阳，废少帝，立献帝，专断朝政。初平元年(190)，关东各州郡军阀拥袁绍为首，组织联军讨卓，卓焚烧洛阳，挟献帝西逃长安，自为太师。初平三年(192)，他被王允、吕布所杀，暴尸于市，燃火焚烧。

【原文】

董卓字仲颖，陇西临洮人也。少好侠，尝游羌中，尽与诸豪帅相结。后归耕于野，而豪帅有来从之者，卓与俱还，杀耕牛与相宴乐。诸豪帅感其意，归相敛，得杂畜千余头以赠卓。汉桓帝末，以六郡良家子为羽林郎。卓有才武，旅力少比，双带两鞬，左右驰射。为军司马，从中郎将张奂征并州有功，拜郎中，赐缣九千匹，卓悉以分与吏士。迁广武令，蜀郡北部都尉，西域戊己校尉，免。征拜并州刺史、河东太守，迁中郎将，讨黄巾，军败抵罪。韩遂等起凉州，复为中郎将，西拒遂。于望垣硖北，为羌、胡数万人所围，粮食乏绝。卓伪欲捕鱼，堰其还道当所渡水为池，使水渟满数十里，默从堰下过其军而决堰。比羌、胡闻知追逐，水已深，不得渡。时六军上陇西，五军败绩，卓独全众而还，屯住扶风。拜前将军，封斄乡侯，征为并州牧。

【译文】

董卓字仲颖，陇西临洮人。少年时代就任侠尚武，曾游历羌人聚居地区，与羌族的许多首领相识并结为朋友。此后他返乡从事农耕。羌族首领有来看望他的，董卓忙邀众人一起回到家中，将正用于犁田的耕牛宰杀掉招待客人，以助饮宴之乐。羌族首领们为董卓既重义气又豁达豪爽的行为所感动，他们回去后收聚了牛马羊等各类牧畜千余头赠送给董卓。桓帝末年，朝廷从汉阳、陇西、安定、北地、上郡、西河等六个郡中选拔良家子弟来充任羽林郎，董卓因为武艺高强，力气过人，能够背两只箭袋在纵马急驰中左右开弓，故而被朝廷选中。他先在军中担任军司马职务，不久跟随中郎将张奂攻打并州立下战功，官拜郎中，并赏赐细绢九千匹。董卓把得到的九千匹绢帛全部分给手下的官员和士卒。升迁为广武令、蜀郡北部都尉、西域戊已校尉，后被免职。又被启用，任并州刺史、河东太守，升中郎将。征讨黄巾军时战败，被撤职以抵战败之罪。直到韩遂在凉州起兵，朝廷才恢复了他的中郎将职务，派他带兵西征抗击韩遂。董卓率领的部队在望垣峡以北地区，被羌、胡数万兵所包围，粮食眼见耗尽。董卓此时假装要捕鱼，筑坝挡住他回军时要经过的河道，使之成为水池，数十里河水大涨。汉军从大坝下悄悄穿过后，然后把水坝掘开。等羌、胡兵闻知汉军突围而组织追击时，河水已深，无法渡过。当时朝廷共派出六路兵马出征陇西，其他五路都连吃败仗丧师折将，只有董卓指挥的这一路完整地撤退回来，屯兵扶风郡。朝廷因其有功提升他为前将军，封斄乡侯，后征调为并州州牧。

董　卓

【原文】

灵帝崩，少帝即位。大将军何进与司隶校尉袁绍谋诛诸阉官，太后不从。进乃召卓使将兵诣京师，并密令上书曰："中常侍张让等窃幸乘宠，浊乱海内。昔赵鞅兴晋阳之甲，以逐君侧之恶。臣辄鸣钟鼓如洛阳，即讨让等。"欲以胁迫太后。卓未至，进败。中常侍段珪等劫帝走小平津，卓遂将其众迎帝于北芒，还宫。时进弟车骑将军苗为进众所杀，进、苗部曲无所属，皆诣卓。卓又使吕布杀执金吾丁原，并其众，故京都兵权唯在卓。

先是，进遣骑都尉太山鲍信所在募兵，适至，信谓绍曰："卓拥强兵，有异志，今不早图，将为所制；及其初至疲劳，袭之可禽也。"绍畏卓，不敢发，信遂还乡里。

【译文】

汉灵帝死，少帝即位。大将军何进与司隶校尉袁绍商量斩除朝中的宦官，皇太后不同意。何进私下给董卓写信，让他带领所辖的兵马赶到京师，并让他给皇帝上书说："中常侍张让等人借着太后和陛下的宠幸为非作歹，把国家搞得污浊不堪。古时赵鞅曾率晋阳的兵马进京，铲除了朝中佞臣荀寅和士吉射等人。今天臣下我也要鸣钟鼓督师开往洛阳，以讨伐张让这些乱臣贼子。"这样做的目的无非是想胁迫太后。董卓的军队尚未赶到洛阳，何进等人已经因计划泄漏而失败，中常侍段珪等人又裹挟着少帝仓皇逃到黄河岸边的小平津渡口，董卓于是率公卿群臣到洛阳北郊的北邙山迎接少帝，请少帝返回皇宫。此时，何进的弟弟车骑将军何苗也在京都的这场动乱中被何进的部属杀掉，何进、何苗的部属皆因失去了主帅而无所适从，便都归属了董卓。董卓又唆使吕布杀死负责京师治安的执金吾丁原，把他所掌握的军队也收编在自己麾下。因而，京都的兵权便全部集中到了董卓手中。

在此之前，何进曾派遣骑都尉太山鲍信到外地招募兵马。鲍信这时正好归返洛阳，他对袁绍说："董卓如今手握重兵，肯定心怀不轨。我们如不趁早动手，日后必然要吃他的大亏。趁他现在刚到京都，士卒疲惫，我们给他来个突然袭击，一定可以解决董卓。"袁绍害怕董卓，不敢有所行动。鲍信见状，便弃官返归故里。

【原文】

于是以久不雨，策免司空刘弘而卓代之，俄迁太尉，假节钺虎贲。遂废帝为弘农王。寻又杀王及何太后。立灵帝少子陈留王，是为献帝。卓迁相国，封郿侯，赞拜不名，剑履上殿，又封卓母为池阳君，置家令、丞。卓既率精兵来，适值帝室大乱，得专废立，据有武库甲兵，国家珍宝，威震天下。卓性残忍不仁，遂以严刑胁众，睚眦之隙必报，人不自保。尝遣军到阳城，时适二月社，民各在其社下，悉就断其男子头，驾其车牛，载其妇女财物，以所断头系车辕轴，连轸而还洛，云攻贼大获，称万岁。入开阳城门，焚烧其头，以妇女与甲兵为婢妾。至于奸乱宫人公主。其凶逆如此。

初，卓信任尚书周毖、城门校尉伍琼等，用其所举韩馥、刘岱、孔伷、张咨、张邈等出宰州郡。而馥等至官，皆合兵将以讨卓。卓闻之，以为毖、琼等通情卖己，皆斩之。

【译文】

董卓先是以国内久旱不雨罪在朝臣为借口，逼迫少帝下诏免去司空刘弘，自己取而代之。不久，升太尉，被授予总统诸军的权力和调动全国兵马的符节。废少帝刘辩为弘农王，随即又把他和他的生母何太后杀死。然后立灵帝的幼子陈留王刘协为皇帝，就是汉献帝。董卓自任国相，又封自己为郿侯，享有朝见天子时司礼官只称官职而不直呼姓名，以及可以穿鞋佩剑上殿的特殊待遇。他的母亲也被封为池阳君，设置家令、家丞一类官职。由于董卓是带着精锐的兵马来到京都，又正好赶上朝中公卿权贵们相互倾轧、杀戮不止，因而使他能够操纵皇帝的废立。东汉王朝的武库甲兵，统由他来掌管；国家的珍宝财富，也都成了他的囊中之物。位高权重，威震天下。董卓生性残忍暴戾，于是用严刑威慑众人，即便有谁对他的无道行为瞪上一眼，他也必然报以无情的迫害，弄得人人如履薄冰，无法自保平安。董卓曾派遣他的部下巡视阳城，正遇到当地的百姓在祭祀社神，大家都聚集在各自的社庙里。士兵们当即冲上去杀死所有的男人，抢来他们的车和牛，将砍下的脑袋一颗颗挂在车辕上，妇女和财物都装在车上，驱赶牛车一辆接一辆地返归

董卓擅权

洛阳，谎称攻贼大获全胜，还一路高呼万岁。进洛阳开阳城门后，将杀戮的人头举火焚烧，掳掠来的妇女则分给士卒们为婢为妾。董卓还淫乱后宫，肆意霸占奸淫宫中嫔妃和公主，其凶狂残暴、大逆无道到如此地步。

董卓垄断朝政之初，一度很信任尚书周毖和城门校尉伍琼等人。并给周、伍推荐了他的韩馥、刘岱、孔伷、张咨、张邈等人，安排了州牧郡守一级的官职。不料韩馥等人到职后，竟联合起各自所辖兵马讨伐董卓。董卓闻讯大怒，以为周毖、伍琼与韩馥等人互相串通起来反对他，于是把周毖、伍琼斩首。

【原文】

河内太守王匡，遣泰山兵屯河阳津，将以图卓。卓遣疑兵若将于平阴渡者，潜遣锐众从小平北渡，绕击其后，大破之津北，死者略尽。卓以山东豪杰并起，恐惧不宁。初平元年二月，乃徙天子都长安。焚烧洛阳宫室，悉发掘陵墓，取宝物。卓至西京，为太师，号曰尚父。乘青盖金华车，爪画两轓，时人号曰竿摩车。卓弟旻为左将军，封鄠侯；兄子璜为侍中、中军校尉典兵，宗族内外并列朝廷。公卿见卓，谒拜车下，卓不为礼。召呼三台尚书以下自诣卓府启事。筑郿坞，高与长安城埒，积谷为三十年储，云："事成，雄据天下；不成，守此足以毕老。"尝至郿行坞，公卿已下祖道于横门外。卓豫施帐幔饮，诱降北地反者数百人，于坐中先断其舌，或斩手足，或凿眼，或镬煮之。未死，偃转杯案间。会者皆战栗亡失匕箸，而卓饮食自若。太史望气，言当有大臣戮死者。故太尉张温时为卫尉，素不善卓，卓心怨之，因天有变，欲以塞咎，使人言温与袁术交关，遂笞杀之。法令苛酷，爱憎淫刑，更相被诬，冤死者千数。百姓嗷嗷，道路以目。悉椎破铜人、钟虡，及坏五铢钱。更铸为小钱，大五分，无文章，肉好无轮郭，不磨鑢。于是货轻而物贵，谷一斛至数十万。自是后钱货不行。

【译文】

河内太守王匡，派遣泰山兵马驻扎河阳津，准备进兵洛阳讨伐董卓。董卓先派出一支疑兵到平阴县境内的黄河边上，假装从此渡河，暗派精锐主力从洛阳北面的小平津渡口渡过黄河，绕到王匡军队背后发起突然进攻。王匡军队在河阳津北被董卓打得措手不及，几乎全军覆没。董卓看到崤山以东地区的诸侯豪杰纷纷起兵，心里也很恐惧不安。献帝初平元年二月，董卓挟持年幼的皇帝迁都长安，行前纵兵举火将洛阳城的宫殿付之一炬，又大肆挖掘历代王公贵族的陵墓，抢掠宝物。董卓迁都长安后，自任太师，每以姜太公自比，号称“尚父”。出入乘坐皇太子专用的青盖金华车，车厢两面都有金花彩绘，高贵豪华，时人称之为“竿摩车”。董卓的弟弟董旻被任命为左将军，封鄠侯；他哥哥的儿子董璜，也担任了侍中、中军校尉两个要职。一时间，董氏宗族亲眷纷纷纳官进爵，权倾朝野。公卿大臣们遇到董卓，都要通名报姓拜谒于车下，董卓根本不予还礼。他还动辄传令让三台尚书以下的朝臣们到他家中商议朝政大事。他修筑郿坞，城墙高度竟与长安相等，在此储备了足够吃上三十年的粮食。董卓扬言说：“我的大事成功，整个天下都是我的；即便不成，我守在郿坞中也可享受一辈子了。”他曾经离开长安去郿坞巡视，公卿们在西出长安的城门外为他置酒饯行。董卓令部下搭起帐蓬与群臣在此畅饮。席间，他突然令人押上在北地郡诱降捕获的反叛士卒数百人，当着众多王公大臣的面施以酷刑：先割去被俘者的舌头，然后或砍其手足，或剜其双目，或放在大锅里烹煮。受刑未死之人，在宴席桌案下挣扎哀号，使与会朝臣们无不被眼前的惨景惊得浑身发抖，拿不住筷子，只有董卓坐在那里又吃又喝，神态自得自如。太史观察天象，说会有大臣被杀。以前曾当过太尉、现任卫尉的张温，向来对董卓很不友善，颇受董卓怨恨，这次因天象有变，董卓想以他挡掉灾祸，便捏造个罪名说张温与袁术勾结谋反，于是张温就被用鞭杖活活给打死了。法令苛酷，凭个人爱憎滥用刑罚，人们又转相诬告，枉死者成百上千，致使天下百姓怨声载道，路上相遇都只能以目示意。董卓将宫中铜人和悬挂钟磬的虡全部打坏，改变自西汉武帝以来数百年间流通的五铢钱币制度，另铸为五分小钱，上面没有花纹和文字，周边和中间孔洞也无轮廓，不作打磨加工，粗糙不堪，结果造成钱币贬值、物价猛涨的严重后果，一斛谷竟达到数十万钱，从此以后钱币不再通行。

【原文】

三年四月，司徒王允、尚书仆射士孙瑞、卓将吕布共谋诛卓。是时，天子有疾新愈，大会未央殿。布使同郡骑都尉李肃等，将亲兵十余人，伪著卫士服守掖门，布怀诏书。卓至，肃等格卓。卓惊呼：“布所在？”布曰：“有诏！”遂杀卓，夷三族。主簿田景前趋卓尸，布又杀之；凡所杀三人，余莫敢动。长安士庶咸相庆贺，诸阿附卓者皆下狱死。

【译文】

献帝初平三年（192） 四月，司徒王允、尚书仆射士孙瑞和董卓部将吕布共同商定诛杀逆臣董卓。此时正巧献帝患病新愈，传诏在未央殿会见群臣。吕布派他的同郡亲信骑都尉李肃带士兵十几人，打扮成宫中卫士的模样把守住宫门，吕布怀中藏着诛杀董卓的诏书。董卓一进宫门，李肃率伏兵一拥而上举刀枪击之，董卓措手不及，惊呼："吕布何在？快来救我！"吕布应声喝道："有诏杀贼！"随即杀死董卓，夷灭三族。朝中主簿田景赶紧扑向董卓的尸体，也被吕布杀掉。这样连杀董卓的亲信三人，其他人皆畏惧不敢动弹。长安城的官吏百姓闻听董卓伏诛，都相互庆贺。平日投靠奉迎董卓的官吏也被一个个抓进监狱处以死罪。

袁绍传

【提要】

袁绍（？—202），东汉末汝南汝阳（今河南商水西北）人。字本初。出身世家大族，190年，起兵与诸州牧讨伐董卓。191年，自领冀州牧，击降农民军，遂占据幽、冀、青、并四州。197年称大将军，兼督四州。性刚愎自用，外宽内忌，拒绝谋臣所建积蓄力量以图天下之策，连年与曹操争战。200年，大败于官渡。后病卒。

袁　绍

【原文】

袁绍字本初，汝南汝阳人也。高祖父安，为汉司徒。自安以下四世居三公位，由是势倾天下。绍有姿貌威容，能折节下士，士多附之，太祖少与交焉。以大将军掾为侍御史，稍迁中军校尉，至司隶。

【译文】

袁绍字本初，汝南郡汝阳县人。他的高祖袁安，在东汉章帝时曾任司徒。

自袁安以后，又接连四世在朝廷中官居“三公”的高位，因而袁氏家族权倾朝野，名震天下。袁绍长得身材魁梧，容貌威严，虽出身豪门望族，却也能放下架子结交社会下层的贤达之士，所以很多人都愿意投靠他。太祖曹操少年时就曾与他有过交往。最初以大将军掾属身份任侍御史，逐渐升为中军校尉，以后又做到司隶校尉。

【原文】

灵帝崩，太后兄大将军何进与绍谋诛诸阉官，太后不从。乃召董卓，欲以胁太后。常侍、黄门闻之，皆诣进谢，唯所错置。时绍劝进便可于此决之，至于再三，而进不许。令绍使洛阳方略武吏检司诸宦者。又令绍弟虎贲中郎将术选温厚虎贲二百人，当入禁中，代持兵黄门陛守门户。中常侍段珪等矫太后命，召进入议，遂杀之，宫中乱。术将虎贲烧南宫嘉德殿青琐门，欲以迫出珪等。 珪等不出，劫帝及帝弟陈留王走小平津。绍既斩宦者所署司隶校尉许相，遂勒兵捕诸阉人，无少长皆杀之。或有无须而误死者，至自发露形体而后得免。宦者或有行善自守而犹见及。其滥如此。死者二千余人。急追珪等，珪等悉赴河死。帝得还宫。

董卓呼绍，议欲废帝，立陈留王。是时绍叔父隗为太傅，绍伪许之，曰：“此大事，出当与太傅议。”卓曰：“刘氏种不足复遗。”绍不应，横刀长揖而去。绍既出，遂亡奔冀州。侍中周毖、城门校尉伍琼、议郎何颙等，皆名士也，卓信之，而阴为绍，乃说卓曰：“夫废立大事，非常人所及。绍不达大体，恐惧故出奔，非有他志也。今购之急，势必为变。袁氏树恩四世，门生故吏遍于天下，若收豪杰以聚徒众，英雄因之而起，则山东非公之有也。不如赦之，拜一郡守，则绍喜于免罪，必无患矣。”卓以为然，乃拜绍勃海太守，封邟乡侯。

【译文】

灵帝驾崩，何太后之兄大将军何进与袁绍密谋诛杀朝中宦官。何太后不同意。何进于是暗中联络并州牧董卓，让他带兵入京清诛宦官，想以此来胁迫何太后。朝中的常侍、黄门等宦官们听到这个消息，都跑到何进家里谢罪，表示任凭何进处置。袁绍再三劝何进就在这时候下手，何进不同意，只是命他谋划派出一些机智的武吏监视督查宦官们的行动，同时安排袁绍的弟弟虎贲中郎将袁术选拔二百名可靠的士兵进入宫中，取代原来那些持兵器把守宫门的黄门侍者。中常侍段珪等人假传太后的命令，召何进入宫议事，将何进杀死，宫中大乱。袁术闻讯立即带兵赶来，命士兵举火烧南宫嘉德殿的青琐门，以逼迫宦官出来投降。段珪等宦官便劫持少帝刘辩和皇弟陈留王刘协，逃往小平津渡口。袁绍先在京城中擒杀了宦官所任命的司隶校尉许相，然后命令士兵满宫中搜捕阉人，不分年幼年长，一律斩首。有的人本来并不是宦官，只是由于没长胡子，也被士兵们当成宦官胡乱地给杀掉了，以至于有的人为了证明自己不是宦官，只好脱下衣服让士兵们当场查验才得以幸免。宦官中有些行善自守的人也被杀害，可见滥杀到什么程度。最终被杀者有两千余人。袁绍发现宦官们劫持皇帝向北逃窜后，又率兵急追。段珪等人全都投黄河自杀，少帝得以返回洛阳宫。

率兵入京的董卓找来袁绍共同商议废掉少帝刘辩，另立九岁的陈留王为皇帝。此时袁绍的叔父袁隗为朝中太傅，袁绍假装同意，对董卓说："另立新君乃国家大事，容我回头找太傅商量一下。"董卓很不高兴，蛮横地说："刘家的种不足以再保存下去了。"袁绍不说话，抽出佩刀握在手里向董卓深深一揖扬长而去。袁绍一出来，便急忙逃往冀州。朝中大臣如侍中周毖、城门校尉伍琼、议郎何颙等都是当时的名士，董卓很信任他们，但这些人内心都向着袁绍。因而他们劝说董卓："朝廷中君王废立的大事，本来就不是一般人可以参与的。袁绍目光短浅无全局观念，他是因为害怕而逃走，并非心怀鬼胎、有不良企图。如今您如果缉拿过急，把他逼得无路可走，那就会逼出变故来。他们袁氏家族连续四代在朝中做官，门生故吏遍布天下。若是袁绍号召四方英雄豪杰与您作对，那么各地都会响应他的召唤而起兵，如此一来山东一带就非阁下所有了。不如宣布赦免袁绍的罪过，任命他为一郡太守，这样袁绍必然会为免罪又得官而高兴，您也就不必担心了。"董卓认为有理，于是任命袁绍为勃海太守，封邟乡侯。

【原文】

绍遂以勃海起兵，将以诛卓。语在《武纪》。绍自号车骑将军，主盟，与冀州牧韩馥立幽州牧刘虞为帝，遣使奉章诣虞，虞不敢受。后馥军安平，为公孙瓒所败。瓒遂引兵入冀州，以讨卓为名，内欲袭馥。馥怀不自安。

会卓西入关，绍还军延津，因馥惶遽，使陈留高干、颍川荀谌等说馥曰："公孙瓒乘胜来向南，而诸郡应之。袁车骑引军东向，此其意不可知，窃为将军危之。"馥曰："为之奈何？"谌曰："公孙提燕、代之卒，其锋不可当。袁氏一时之杰，必不为将军下。夫冀州，天下之重资也，若两雄并力，兵交于城下，危亡可立而待也。夫袁氏，将军之旧，且同盟也，当今为将军计，莫若举冀州以让袁氏。袁氏得冀州，则瓒不能与之争，必厚德将军。冀州入于亲交，是将军有让贤之名，而身安于泰山也。愿将军勿疑！"馥素恇怯，因然其计。馥长史耿武、别驾闵纯、治中李历谏馥曰："冀州虽鄙，带甲百万，谷支十年。袁绍孤客穷军，仰我鼻息，譬如婴儿在股掌之上，绝其哺乳，立可饿杀。奈何乃欲以州与之？"馥曰："吾，袁氏故吏，且才不如本初，度德而让，古人所贵，诸君独何病焉？"从事赵浮、程奂请以兵拒之，馥又不听。乃让绍，绍遂领冀州牧。

从事沮授说绍曰："将军弱冠登朝，则播名海内；值废立之际，则忠义奋发；单骑出奔，则董卓怀怖；济河而北，则勃海稽首。振一郡之卒，撮冀州之众，威震河朔，名重天下。虽黄巾猾乱，黑山跋扈，举军东向，则青州可定；还讨黑山，则张燕可灭；回众北首，则公孙必丧；震胁戎狄，则匈奴必从。横大河之北，合四州之地，收英雄之才，拥百万之众，迎大驾于西京，复宗庙于洛邑，号令天下，以讨未复，以此争锋，谁能敌之？比及数年，此功不难。"绍喜曰："此吾心也。"即表授为监军、奋武将军。卓遣执金吾胡母班、将作大匠吴脩赍诏书喻绍，绍使河内太守王匡杀之。卓闻绍得关东，乃悉诛绍宗族太傅隗等。当是时，豪侠多附绍。皆思为之报，州郡蜂起，莫不假其名。馥怀惧，从绍索去，往依张邈。后绍遣使诣邈，有所计议，与邈耳语。馥在坐上，谓见图构，无何起至溷自杀。

【译文】

袁绍马上以勃海郡为基地起兵，通告天下讨伐董卓。此事在本书《武帝纪》中另有记载。袁绍自号车骑将军，担当各路讨卓联军的盟主。他与冀州牧韩馥商议拥立幽州牧刘虞为皇帝，还派特使把请刘虞即位的奏表送给他，可刘虞不敢接受。后来韩馥的军队驻扎在安平，被公孙瓒率部袭击打败，公孙瓒遂引兵进入冀州，名义上打着讨伐董卓的旗号，实际是想消灭韩馥。韩馥为此极为不安。适逢董卓裹挟献帝迁都长安，退回关西，袁绍率大军东还驻在延津。听说韩馥在公孙瓒的压力下惶惶不安，袁绍便派手下谋士陈留人高幹和颍川人荀谌前往游说韩馥道："公孙瓒乘胜挥师南下，不少州郡起来响应。袁车骑将军引军东进，也不知他有什么样的打算。我们实在为将军您目前的处境感到担心啊！"韩馥说："我该怎么办？"荀谌说："公孙瓒统率燕、代精锐之师，其锋芒势不可挡；袁绍为一代雄杰，肯定也不愿居于将军您之下。而冀州又恰是争夺天下者必先要得手的一处要地。若是公孙瓒、袁绍两人都打上冀州的主意，交兵城下，那冀州的危亡肯定立马可待。袁将军这个人，是将军的老相识了，而且又是讨董联盟的盟主。眼下要说为将军您打算的话，您不如把整个冀州都让给袁绍。袁绍得到冀州，则公孙瓒无法与他争夺，这样袁绍对将军您必报以厚德。把冀州交到可靠的亲密朋友手中，也留下了让贤的美名，从此可以确保您平安无事，希望将军不要再迟疑！"韩馥这人向来性格懦弱，居然听从了荀谌的建议。他手下的长史耿武、别驾闵纯、治中李历等官员劝阻他说："冀州虽然偏僻，可我冀州能拿起武器打仗的男子不下百万，储存的粮食可供十年度用。袁绍他带一支穷困的军队客居异乡，全靠我们接济，这恰如一婴儿在我股掌之上，断了他的奶水，马上就能把他饿死，怎么能把冀州拱手送给他呢？"韩馥道："我韩馥本来就在袁家做过部属，况且我的才能确实也不如袁绍。衡量一下自己的德行和才能而让位于贤者，这自古以来就是人们提倡和赞美的事，诸位又何必责难我呢？"从事赵浮、程奂等人请求派兵防御袁军，韩馥又不听，结果还是把冀州让给了袁绍。袁绍以勃海太守的身份兼任冀州牧。

公孙瓒

袁绍手下的从事沮授向他进言说："将军您在二十岁的时候入仕朝廷，名声很快就传遍海内；后来遇上朝政混乱，奸臣董卓阴谋废君另立，您又主持忠义；您单骑奔出洛阳，使得董卓始终怀有恐惧之心；您渡黄河北行，勃海郡吏民百姓稽首欢迎。如今您统帅着勃海郡的精兵强将，又新增了冀州的土地和百姓，可谓是威震河朔，名重天下。眼下虽然黄巾反贼到处袭扰，黑山一带也有草寇骄横跋扈，但只要您挥师东征，则青州的黄巾反贼定可一举剿平；还师扫荡黑山，那么张燕也不难消灭；锋芒指向幽、燕，公孙瓒逃脱不了覆灭的下场；武力威胁戎狄，匈奴也必然会俯首称臣。横扫大河以北，合并四个州的土地。收罗天下英才，统领百万雄兵，在西京迎接皇帝，在洛阳恢复宗庙。然后再以朝廷的名义号令天下，征讨那些不肯归附的叛将乱臣，以争锋天下，天下谁是敌手？用不上几年，这样的盖世功业就要在您手中完成了。”袁绍大喜说：“您正说出了我的抱负和志向啊！”于是马上上表举荐沮授为监军、奋威将军。董卓派朝中执金吾胡毋班、将作大匠吴脩带着皇帝的诏书去见袁绍，袁绍让河内太守王匡把这两个人都杀掉。董卓得知袁绍已控制关东，便把京城中袁氏家族的男女老幼包括太傅袁隗在内全部杀掉了。当时天下豪侠之士多依附袁绍，都想替袁绍报此大仇。各州郡纷纷起兵讨伐董卓，无不是借袁绍的名义。韩馥看到这种局面非常害怕，请求袁绍同意他离去。韩馥离开袁绍后前往依附陈留太守张邈。后来袁绍派特使去张邈那里，因事关机密，特使与张邈附耳而谈。韩馥在座中看到这种情形，怀疑是袁绍派人来与张邈共同谋害他，于是起身到厕所中自杀了。

【原文】

初，天子之立非绍意，及在河东，绍遣颍川郭图使焉。图还说绍迎天子都邺，绍不从。会太祖迎天子都许，收河南地，关中皆附。绍悔，欲令太祖徙天子都鄄城以自密近，太祖拒之。天子以绍为太尉，转为大将军，封邺侯，绍让侯不受。顷之，击破瓒于易京，并其众。出长子谭为青州，沮授谏绍：“必为祸始。”绍不听，曰：“孤欲令诸儿各据一州也。”又以中子熙为幽州，甥高幹为并州。众数十万，以审配、逢纪统军事，田丰、荀谌、许攸为谋主，颜良、文丑为将率，简精卒十万，骑万匹，将攻许。

先时，太祖遣刘备诣徐州拒袁术。术死，备杀刺史车胄，引军屯沛。绍遣骑佐之。太祖遣刘岱、王忠击之，不克。建安五年，太祖自东征备。田丰说绍袭太祖后，绍辞以子疾，不许。丰举杖击地曰：“夫遭难遇之机，而以婴儿之病失其会，惜哉！”太祖至，击破备；备奔绍。

【译文】

颜良　　　　文丑

当初董卓废少帝刘辩、立陈留王刘协为皇帝并不是袁绍的意愿。及至献帝逃到河东，袁绍还是派部下颍川人郭图前去朝拜。郭图回来后劝说袁绍迎接献帝迁都邺城，袁绍不同意。不久太祖曹操把献帝迎到许县，用朝廷的名义收复了河南一带的土地。关中诸州郡也都表示臣服，袁绍这才后悔不已。他试图让曹操把献帝送到鄄城，以便自己就近接触天子和公卿百官，但遭到曹操拒绝。献帝任命袁绍为太尉，继而又加大将军之职，封邺侯。袁绍推辞不接受封侯。不久，袁绍军队在易京打败了公孙瓒，吞并了公孙瓒的人马。接着，袁绍安排自己的长子袁谭担任青州刺史。沮授劝谏袁绍说："这样做必定是祸乱的开端。"袁绍不听，说："我只是想让我的儿子们每人拥有一个州罢了。"于是又任命次子袁熙为幽州刺史，外甥高幹为并州刺史。此时袁绍实力大增，已握有雄兵几十万人。他任命审配、逢纪统管军事，田丰、荀谌、许攸为谋士之首，颜良、文丑为军中将帅，挑选精锐步兵十万，骑兵万余，准备进攻许都。

先前，太祖曾派刘备南下徐州抵挡袁术的进攻。等刘备率部到达下邳，袁术已病死于寿春。刘备杀死徐州刺史车胄，然后引兵驻扎在沛县。袁绍也派了一支骑兵前来支援刘备。太祖命部将刘岱、王忠带兵讨伐，不能取胜。建安五年(200)，太祖亲率大军东征刘备。谋士田丰劝袁绍趁曹操后方空虚袭击他的大本营许昌，袁绍以儿子有病为理由加以拒绝。田丰走出屋外，以手杖连连击地，痛心地喊道："遇到这样一个难得的制胜良机，却因为婴儿闹病而白白放过，可惜呀，可惜！"太祖兵到沛县，大败刘备；刘备逃奔袁绍。

【原文】

绍进军黎阳，遣颜良攻刘延于白马。沮授又谏绍："良性促狭。虽骁勇，不可独任。"绍不听。太祖救延，与良战，破斩良。绍渡河，壁延津南，使刘备、文丑挑战。太祖击破之，斩丑，再战，禽绍大将。绍军大震。太祖还官渡。沮授又曰："北兵数众而果劲不及南，南谷虚少而货财不及北；南利在于急战，北利在于缓搏。宜徐持久，旷以日月。"绍不从。连营稍前，逼官渡，合战，太祖军不利，复壁。绍为高橹，起土山，射营中，营中皆蒙楯，众大惧。太祖乃为发石车，击绍楼，皆破，绍众号曰霹雳车。绍为地道，欲袭太祖营。太祖辄于内为长堑以拒之，又遣奇兵袭击绍运车，大破之，尽焚其谷。太祖与绍相持日久，百姓疲乏，多叛应绍，军食乏。会绍遣淳于琼等将兵万余人北迎运车，沮授说绍："可遣将蒋奇别为支军于表，以断曹公之钞。"绍复不从。琼宿乌巢，去绍军四十里。太祖乃留曹洪守，自将步骑五千候夜潜往攻琼。绍遣骑救之，败走。破琼等，悉斩之。太祖还，未至营，绍将高览、张郃等率其众降。绍众大溃，绍与谭单骑退渡河。余众伪降，尽坑之。沮授不及绍渡，为人所执，诣太祖，太祖厚待之。后谋还袁氏，见杀。

【译文】

袁绍率大军进抵黎阳，派大将颜良在白马进攻曹操的东郡太守刘延。沮授进谏说："颜良性情褊狭急躁，虽然作战骁勇却不能独挡一面。"袁绍不听。太祖曹操发兵救援刘延，打垮了颜良带领的军队并杀死了颜良。袁绍督师渡过黄河，在延津以南地区修筑工事与曹军对峙。袁绍派刘备和文丑出阵挑战，太祖挥兵击退袁军，杀了文丑，接着，再战又俘虏了袁绍的大将，袁军大为震动。太祖回军官渡。沮授又劝袁绍："我们的军队数量虽多，但战斗士气和勇敢精神都不如曹军。而曹军粮食短缺，后勤物质供应远不如我们。因此对曹军来讲速战速决有利，可对我军来说却是打一场持久战更有利。"袁绍不听，指挥大军进逼官渡，与曹军交锋。曹军受挫退入营地坚守，袁绍命士兵在阵前修造了多座望敌楼，又筑起高高的土山，弓箭手们埋伏在山上，箭射曹营。曹军很害怕，士兵们出门都要持盾牌遮挡身体。太祖则赶制出一种发石车，抛射石块摧毁了袁绍修建的哨楼。由于发石车在抛射石块时有隆隆的响声，如同打雷一般，故而袁军士兵都恐惧地称这种发石车为"霹雳车"。袁绍又命令士兵们挖掘地道，直通曹操军营，准备对曹军实施突然袭击。太祖针锋相对，命令士兵在军营前沿挖掘了一条又深又长的

张 郃

壕沟截断袁军的地道，同时派出一支奇兵潜入敌后截击袁绍的运粮车队，把运送的全部军粮连同车辆尽数烧毁。太祖与袁绍两军对峙日久，曹军粮草渐渐接济不上，百姓们为战争所苦不堪承受，也纷纷跑到袁绍那边去了。眼看曹军难以支持下去，恰巧这时候袁绍派将军淳于琼带一万多兵马北上迎接、保护运粮车队。沮授建议："应当再派蒋奇将军另带一支军队在外围配合行动，以防备曹操的偷袭。"袁绍仍不采纳，淳于琼迎到运粮车队，驻屯在乌巢，离袁军大本营四十里。太祖得知这一消息，留下曹洪带兵守卫军营，自己亲率精锐步骑五千人连夜突袭乌巢。袁绍闻报派出骑兵增援，被曹军击溃。曹军大破淳于琼军，淳于琼等将领都被当阵斩杀。太祖引军得胜还师，未等回到军营，已有袁绍手下的将军高览、张郃各自带着本部兵马前来投降。曹军一鼓作气乘胜追击，袁绍军队全线崩溃。袁绍与长子袁谭在乱军之中仅带少数亲随渡过黄河得以逃脱，其部属大部分被曹军俘虏。曹军发现被俘的袁军将士心怀贰志，便把他们全部活埋了。沮授在混乱中没来得及随袁绍渡过黄河，便被曹军擒获押解到太祖那里。太祖爱惜他的才能而给予礼遇。沮授后来仍想逃回袁绍那里去，被杀。

【原文】

初，绍之南也。田丰说绍曰："曹公善用兵，变化无方，众虽少，未可轻也，不如以久持之。将军据山河之固，拥四州之众，外结英雄，内修农战，然后简其精锐，分为奇兵，乘虚迭出，以扰河南，救右则击其左，救左则击其右，使敌疲于奔命，民不得安业；我未劳而彼已困，不及二年，可坐克也。今释庙胜之策，而决成败于一战，若不如志，悔无及也。"绍不从。丰恳谏，绍怒甚，以为沮众，械系之。绍军既败，或谓丰曰："君必见重。"丰曰："若军有利，吾必全；今军败，吾其死矣。"绍还，谓左右曰："吾不用田丰言，果为所笑。"遂杀之。绍外宽雅，有局度，忧喜不形于色，而内多忌害，皆此类也。

冀州城邑多叛，绍复击定之。自军败后发病，七年，忧死。

【译文】

袁绍率大军南下之初，谋士田丰曾劝谏他说："曹操善于用兵，变化多端。

他的军队数量虽少，但决不可轻视。不如从长远计议与他相持。将军您占据险要的山河地势，拥有四个州的土地和百姓，以此为前提，您可以对外结交天下英雄豪杰，对内大力发展农业生产，操练兵马，然后选出一些精锐部队，编组成几支奇兵，在曹军不备的情况下轮流出击，骚扰河南地区。曹军救援右边则击其左翼，救援左翼则又攻其右边，如此连续不断，使曹军疲于奔命，百姓不得安居和从事生产；我军不曾大动干戈而敌军已经疲惫不堪了，用不了两三年时间，拖也会把曹操给拖垮了。可眼下将军您放着深思熟虑的长远大计不用，却要倾全力毕其功于一役，万一这一仗打不赢，您可是后悔也来不及了。”袁绍不愿听从田丰的劝谏，田丰仍再三陈词。袁绍大怒，以为田丰是有意散布失败情绪扰乱军心，破坏他的出兵大计，于是下令给田丰戴上脚镣手铐囚禁起来。等到袁绍大军溃败后，有人对田丰说：“您一定会被重用的。”田丰叹气道：“如果袁公打了胜仗归来，我倒是能够活命；如今他大败而回，我是注定活不成了。”果然袁绍回到邺城后对左右的人说：“当初我没有听从田丰的劝阻，果真令他耻笑。”于是传令把田丰杀掉了。袁绍其人外表宽容闲雅，喜怒不形于色，颇有大将风度，而内心却多猜忌，嫉贤妒能，妄加陷害。正像处理田丰这样。

冀州不少城邑纷纷背叛，袁绍一一平定。但自大败于官渡以来，袁绍即一病不起。建安七年（202），在极度的忧郁中死去。

吕 布 传

【提要】

吕布（？—199），东汉末董卓的部将。字奉先，五原九原治（今内蒙古包头西）人。初从并州刺史丁原。董卓入京都时，他为董卓所利用，杀死丁原，被任为骑都尉。后与王允合谋诛董卓，受任为奋威将军，封为温侯，汉献帝建安三年底（19年初），为曹操所败，被擒杀。他曾以勇武著称，尤善弓箭，号为“飞将”。

吕 布

【原文】

吕布字奉先，五原郡九原人也。以骁武给并州。刺史丁原为骑都尉，屯河内，以布为主簿，大见亲待。灵帝崩，原将兵诣洛阳。与何进谋诛诸

黄门，拜执金吾。进败，董卓入京都，将为乱，欲杀原，并其兵众。卓以布见信于原，诱布令杀原。布斩原首诣卓，卓以布为骑都尉，甚爱信之，誓为父子。

【译文】

吕布字奉先，五原郡九原人。凭着矫健勇猛的特长，在并州任职。刺史丁原任骑都尉，驻守河内，任命吕布为主簿，极为亲近厚待他。汉灵帝驾崩，丁原带领部队前往洛阳，与何进密谋诛杀宦官，拜官执金吾。何进失败，董卓乘机进入洛阳，图谋不轨，想除掉丁原，吞并丁原的兵众。董卓认为吕布是丁原的亲信，便引诱他去杀丁原。吕布砍下了丁原的首级献给董卓，于是董卓任命吕布为骑都尉，非常宠爱并信任他，两人立誓结为父子。

【原文】

布便弓马，膂力过人，号为飞将。稍迁至中郎将，封都亭侯。卓自以遇人无礼，恐人谋己，行止常以布自卫。然卓性刚而褊，忿不思难，尝小失意。拔手戟掷布。布拳捷避之，为卓顾谢，卓意亦解。由是阴怨卓。卓常使布守中阁，布与卓侍婢私通，恐事发觉，心不自安。

【译文】

吕布弓马娴熟，膂力过人，被称为“飞将”。不久擢升为中郎将，封都亭侯。董卓自知对人刻薄寡恩，唯恐别人算计他，出外或居家都让吕布保卫自己的安全。但是董卓生性刚烈又心胸狭小，一时气愤就忘了后果，曾经有一件小事，使他很不高兴，随手拔出手戟就投向吕布。吕布敏捷地避开了，并为这件事情向董卓道了歉，董卓的怒气也就平息了。但吕布自此暗恨董卓。董卓常派吕布守卫他的内宫，吕布借机与董卓的侍婢私通，害怕事情被发觉，心中惴惴不安。

【原文】

先是，司徒王允以布州里壮健，厚接纳之。后布诣允，陈卓几见杀状。时允与仆射士孙瑞密谋诛卓，是以告布使为内应。布曰：“奈如父子何？”允曰：“君自姓吕，本非骨肉。今忧死不暇，何谓父子？”布遂许之，手刃刺卓。语在《卓传》。允以布为奋武将军，假节，仪比三司，进封温侯，共秉朝政。布自杀卓后，畏恶凉州人，凉州人皆怨。由是李傕等遂相结还攻长安城。布不能拒，傕等遂入长安。卓死后六旬，布亦败。将数百骑出武关，欲诣袁术。

【译文】

诛杀董卓

在这以前，司徒王允因为吕布是并州城里的壮健男儿，对他很是优礼相待。后来吕布去见王允，述说了董卓几乎杀了他的情况。当时王允正与仆射士孙瑞密谋杀死董卓，因此便让吕布为这次行动做内应。吕布说："我们的父子关系该如何处置？"王允说："你自姓吕，本来并不是亲骨肉。现今你忧虑自己的性命还来不及，还说什么父子？"吕布于是答应了，亲手杀死了董卓。这件事记录在《董卓传》中。王允任命吕布为奋武将军，授予符节指挥军队，仪礼比照三司，进封为温侯，与他共同主持朝政。吕布自从杀死董卓后，对凉州人既害怕又厌恶，凉州人也都怨恨他。因此李傕等人纠集在一起共同攻打长安城，吕布抵挡不住，李傕等于是攻进长安。董卓死后六十天，吕布也被打败，带着数百骑兵出武关，想去投奔袁术。

【原文】

布自以杀卓为术报仇，欲以德之。术恶其反复，拒而不受。北诣袁绍，绍与布击张燕于常山，燕精兵万余，骑数千。布有良马曰赤兔。常与其亲近成廉、魏越等陷锋突阵，遂破燕军。而求益兵众，将士抄掠，绍患忌之。布觉其意，从绍求去。绍恐还为己害，遣壮士夜掩杀布，不获。事露，布走河内，与张杨合。绍令众追之，皆畏布，莫敢逼近者。

张邈字孟卓，东平寿张人也。少以侠闻，振穷救急，倾家无爱，士多归之。太祖、袁绍皆与邈友。辟公府，以高第拜骑都尉，迁陈留太守。董卓之乱，太祖与邈首举义兵。汴水之战，邈遣卫兹将兵随太祖。袁绍既为盟主，有骄矜色，邈正议责绍。绍使太祖杀邈，太祖不听，责绍曰："孟卓，亲友也，是非当容之。今天下未定，不宜自机危也。"邈知之，益德太祖。太祖之征陶谦，敕家曰："我若不还，往依孟卓。"后还，见邈，垂泣相对。其亲如此。

吕布之舍袁绍从张杨也，过邈，临别，把手共誓。绍闻之，大恨。邈畏太祖终为绍击己也，心不自安。兴平元年，太祖复征谦，邈弟超，与太祖将陈宫、从事中郎许汜、王楷共谋叛太祖。宫说邈曰："今雄杰并起，天下分崩，君以千里之众，当四战之地，抚剑顾眄，亦足以为人豪，而反制于人，不以鄙乎？今州军东征，其处空虚，吕布壮士，善战无前，若权迎之，共牧兖州，观天下形势，俟时事之变通，此亦纵横之一时也。"邈从之。太祖初使宫将兵留屯东郡，遂以其众东迎布为兖州牧，据濮阳。郡县皆应，唯鄄城、东阿、范为太祖守。太祖引军还，与布战于濮阳，太祖军不利，相持百余日。是时岁旱、虫蝗、少谷，百姓相食，布东屯山阳。二年间，太祖乃尽复收诸城，击破布于钜野。布东奔刘备。邈从布，留超将家属屯雍丘。太祖攻围数月，屠之，斩超及其家。邈诣袁术请救，未至，自为其兵所杀。

【译文】

吕布自以为杀了董卓，是替袁家报了仇，心想袁术会厚待他。而袁术讨厌吕布的反复无常，拒绝接纳他。吕布只得北上投袁绍。袁绍与他一起去常山攻打张燕。张燕有精兵万余，骑兵数千。吕布有一匹好马，名叫赤兔。吕布与他的心腹将领成廉、魏越等，冲锋陷阵，终于打败张燕的军队。吕布于是要求扩充自己的队伍，加之他手下的将士也时时抢劫掠夺，袁绍对他很不放心。吕布也感觉到了袁绍不会重用他，于是去见袁绍，请求离开。袁绍害怕吕布以后会危害自己，派遣壮士趁夜掩杀吕布，未获成功。这件事被吕布知道后，他逃到河内，与张杨的部队合到了一处。袁绍派兵追杀，那些兵士都害怕吕布，没有一个人敢向他逼近。

张邈字孟卓，东平寿张人。少年时以豪侠闻名，拯济贫困，救人急难，倾尽家产，毫不吝惜，士人多有归附于他的。太祖、袁绍都和他是朋友。汉朝征召他做官，他以优异的政绩被任命为骑都尉，不久升陈留太守。董卓作乱之时，太祖与张邈首先举义兴兵讨伐董卓。汴水之战，张邈派遣卫兹率部跟随太祖作战。袁绍做了盟主，有些骄傲自得，张邈严正地责备他。袁绍让太祖杀掉张邈，太祖不干，责怪袁绍说：“孟卓是你我亲密的朋友，好坏都应该容得下他。如今天下未定，不应当自相残杀呀！”张邈听说这件事后，更加敬重太祖。太祖在出征陶谦前给家中留下话说：“我如果回不来，你们可以去投靠孟卓。”后平安归来，见张邈，两人相对垂泪。他们的关系就是这样的亲密。

陈 宫

吕布离开袁绍去投奔张杨，经过张邈住处，与他告别，两人执手发誓。袁绍听说这事，大为痛恨。张邈担心太祖最终会替袁绍杀掉自己，心里惴惴不安。兴平元年（194），太祖再次征讨陶谦。张邈的弟弟张超，与太祖的将帅陈宫、从事中郎许汜、王楷共同商议背叛太祖。陈宫动员张邈说：“当今雄杰四起，天下分崩，您拥有那么广阔的土地和众多的兵士，居四方必争之地，抚剑四顾，也可称得上是人中豪杰，却反而受制于人，不是太没出息了吗？今天兖州城里的军队开拔东征，城内空虚，吕布是位壮士，善于打仗，一往无前，如果暂且将他迎来，共同管辖兖州，静观天下形势的变化，相机行事，这也是纵横四海的大好良机啊。”张邈听从了他的话。太祖东征陶谦时派陈宫带领部分将士留守东郡，于是陈宫带着这批人马向东迎接吕布担任兖州牧，并占据了濮阳。周围各郡县纷纷归附吕布，只有鄄城、东阿、范县仍为太祖坚守。太祖带领大部队回来，与吕布在濮阳一带激战，初战失利，两军相峙了一百多天。当时正值大旱，蝗虫为灾，庄稼颗粒无收，出现了人吃人的现象。吕布领兵向东屯扎山阳。在两年的时间里，太祖将失地如数收回，并在钜野打败了吕布。吕布向东投奔刘备。张邈跟随吕布，留下张超带着家眷驻扎在雍丘。太祖围攻雍丘数月，城破之日，血洗城池，杀死了张超及全家人丁。张邈去向袁术讨救兵，还未到目的地，自己却遭部下杀害。

【原文】

备东击术，布袭取下邳，备还归布。布遣备屯小沛。布自称徐州刺史。术遣将纪灵等步骑三万攻备，备求救于布。布诸将谓布曰：“将军常欲杀备，今可假手于术。”

布曰："不然。术若破备，则北连太山诸将，吾为在术围中，不得不救也。"便严步兵千、骑二百，驰往赴备。灵等闻布至，皆敛兵不敢复攻。布于沛西南一里安屯，遣铃下请灵等，灵等亦请布共饮食。布谓灵等曰："玄德，布弟也。弟为诸君所困，故来救之。布性不喜合斗，但喜解斗耳。"布令门候于营门中举一只戟，布言："诸君观布射戟小支，一发中者诸君当解去，不中可留决斗。"布举弓射戟，正中小支。诸将皆惊，言："将军天威也！"明日复欢会，然后各罢。

术欲结布为援，乃为子索布女，布许之。术遣使韩胤以僭号议告布，并求迎妇。沛相陈珪恐术、布成婚，则徐、扬合纵，将为国难，于是往说布曰："曹公奉迎天子，辅赞国政，威灵命世，将征四海，将军宜与协同策谋，图太山之安。今与术结婚，受天下不义之名，必有累卵之危。"布亦怨术初不己受也，女已在涂，追还绝婚，械送韩胤，枭首许市。珪欲使子登诣太祖，布不肯遣。会使者至，拜布左将军。布大喜，即听登往，并令奉章谢恩。登见太祖，因陈布勇而无计，轻于去就，宜早图之。太祖曰："布，狼子野心，诚难久养，非卿莫能究其情也。"即增珪秩中二千石，拜登广陵太守。临别，太祖执登手曰："东方之事，便以相付。"令登阴合部众以为内应。

始，布因登求徐州牧，登还，布怒，拔戟斫几曰："卿父劝吾协同曹公，绝婚公路；今吾所求无一获，而卿父子并显重，为卿所卖耳！卿为吾言，其说云何？"登不为动容，徐喻之曰："登见曹公言：'待将军譬如养虎，当饱其肉，不饱则将噬人。'公曰：'不如卿言也。譬如养鹰，饥则为用，饱则扬去。'其言始此。"布意乃解。

术怒，与韩暹、杨奉等连势，遣大将张勋攻布。布谓珪曰："今致术军，卿之由也，为之奈何？"珪曰："暹、奉与术，卒合之军耳，策谋不素定，不能相维持，子登

策之，比之连鸡，势不俱栖，可解离也。”布用珪策，遣人说暹、奉，使与己并力共击术军，军资所有，悉许暹、奉。于是暹、奉从之，勋大破败。

【译文】

刘备东征袁术，吕布攻取了下邳，刘备只好返回下邳归附吕布。吕布派刘备驻扎在小沛。吕布自称为徐州刺史。袁术遣大将纪灵带领步、骑兵共三万人马攻打刘备，刘备向吕布求救。吕布手下将领对吕布说：“将军您一直想杀刘备，这次可借袁术的手干掉他。”吕布说：“不对。袁术如果击败刘备，就将联合北面太山一带的部队，我们就将在他们的包围之中，所以不救刘备不行。”于是率领步兵千人、骑兵二百，飞速赶往小沛。纪灵等人听说吕布兵到，都收兵不敢再实施进攻。吕布在离小沛西南一里的地方扎下营盘，派护兵去请纪灵等将领，纪灵等人也请吕布一起饮酒作乐。吕布对纪灵等人说：“玄德，是我吕布的弟弟。我弟弟被诸位所围，所以赶来救他。我吕布生性不喜欢看别人相互争斗，只喜欢为别人排解纷争。”吕布命令门候在营门中竖起一支戟，说：“诸位看我射戟上的小支，如一发射中，诸君当解围离开这里，如果射不中，那你们再留下来与刘备决一死战。”他引弓向戟射出一箭，正好射中戟上小支。诸将都大为震惊，说：“将军您真是有天神般的威力呀！”第二天，吕布又同诸将宴饮欢会，然后各自罢兵。

袁术想交结吕布做援手，于是替儿子向吕布的女儿索婚，吕布同意了。袁术派韩胤向吕布正式通告自己想僭号称帝的图谋，同时请求接吕布的女儿与自己的儿子去完婚。沛相陈珪唯恐袁术与吕布结为姻缘，再加上与杨奉、韩暹联合，这样会使天下不安的。于是就劝说吕布：“曹公奉迎天子，辅助国家政事，威武英明举世闻名，并即将征讨全国，将军您应该与他同心协力地筹谋国家大事，使自己的地位像泰山一样安稳。现在您与袁术结成亲家，担上天下不义的罪名，那就随时危如累卵了。”吕布心里也怨恨当初袁术不接纳自己，连忙派人把已经跟着韩胤上路的女儿追了回来，拒绝了这门亲事，并将使者韩胤戴枷披锁，在许市街市上枭首示众。陈珪想派遣儿子陈登去太祖那里，吕布不同意。正巧这时太祖的使者来到，任命吕布为左将军。吕布大喜，随即听任陈登启程，还命令陈登

辕门射戟

带着书信，向天子谢恩。陈登拜谒太祖，乘便述说了吕布有勇无谋、反复无常等缺点，希望太祖早日剪除他。太祖说："吕布狼子野心，实在不能久养，你当然是最熟悉内情的。"当即把陈珪的俸禄提高到年二千石的规格，任命陈登为广陵太守。临别时，太祖拉着陈登的手说："东方的事，便托付给你了。"命令陈登私自集结军队做内应。

开始时，吕布想通过陈登求得徐州牧的职位，陈登回来，吕布得知自己的愿望没能实现，大怒，拔戟砍在桌子上说："你父亲劝我与曹公合作，拒绝袁术的婚约；如今我一无所获，你们父子倒都显赫起来，我被你们出卖了！你倒是对我说说看，曹公到底说了什么？"陈登脸不改色，从从容容地说道："我见曹公时说：'对待将军您，就像养着一头猛虎，应当让它吃饱肉，如果不饱，它就会吃人的。'曹公说：'并不像你所说的那样。就像是养鹰，饥饿时可以利用，一旦吃饱就飞走了。'我们议论您的就是这样的话。"吕布的怒气才消解。

袁术听说吕布回绝了婚事还杀了自己的使者，很是愤怒，与韩暹、杨奉等联合，派大将张勋率军攻打吕布。吕布对陈珪说："如今招来袁术的大军，都是因为你！你看该怎么办呢？"陈珪说："韩暹、杨奉同袁术仓促合兵一处，策略都不是预先谋划好的，肯定不能维持长久，绑在一起的两只鸡，无论如何也不能双栖双宿。可以想办法拆散他们的联军。这事可交给我的儿子陈登去办。"吕布采用了陈珪的计策，派人去游说韩暹、杨奉，让他们与自己合力攻打袁军，并许诺他们将得到全部军需物品。于是韩暹、杨奉追随了吕布，张勋大败。

【原文】

建安三年，布复叛为术，遣高顺攻刘备于沛，破之。太祖遣夏侯惇救备，为顺所败。太祖自征布，至其城下，遗布书，为陈祸福。布欲降，陈宫等自以负罪深，沮其计。布遣人求救于术，自将千余骑出战，败走，还保城，不敢出。术亦不能救。布虽骁猛，然无谋而多猜忌，不能制御其党，但信诸将。诸将各异意自疑，故每战多败。太祖堑围之三月，上下离心，其将侯成、宋宪、魏续缚陈宫，将其众降。布与其麾下登白门楼。兵围急，乃下降。遂生缚布，布曰："缚太急，小缓之。"太祖曰："缚虎不得不急也。"布请曰："明公所患不过于布，今已服矣，天下不足忧。明公将步，令布将骑，则天下不足定也。”太祖有疑色。刘备进曰：“明公不见布之事丁建阳及董太师乎！”太祖颔之。布因指备曰：“是儿最叵信者。”于是缢杀布。布与宫、顺等皆枭首送许，然后葬之。

【译文】

建安三年（198）吕布再次叛投袁术，并派高顺去进攻在沛县的刘备，刘备大败。太祖派遣夏侯惇援救刘备，也被高顺打败。太祖亲自征讨吕布，到了下邳城下，派人送信给吕布，向他陈述了祸福得失。吕布意欲投降，陈宫等人感到自己罪孽深重，便劝阻他放弃这种想法。吕布派人向袁术求救，自己带着千余名骑兵出来应战，大败，只得退回城中固守，再也不敢出战。袁术也不能救他。吕布虽然骁勇刚猛，但缺少计谋而且喜欢猜忌，他不能控制部众，只相信几个将领。而他的将领也是三心二意，相互猜疑，所以每次战斗多以失败告终。太祖在城下挖了壕沟，把吕布包围了三个月，吕布内部上下离心，将领侯成、宋宪、魏续捆着陈宫，率领士兵开城向太祖投降。吕布与他的部下登上了白门楼，眼见得太祖层层密密地包围着他，只得下城投降。于是士兵活活地捆绑了吕布，吕布说：“绑得太紧了，稍微松一点儿吧。”太祖说：“捆老虎，不得不捆紧一点。”吕布求情说：“明公所担心的不就是我吕布吗？今天我臣服了，天下就没有值得您忧虑的事了。明公您率领步兵，让吕布率领骑兵，那么天下就不难平定了。”太祖犹豫不决。刘备进言说：“明公难道没见到吕布是如何侍奉丁建阳和董太师的吗？”太祖点头表示赞同。吕布于是责骂刘备道：“这小子是最不可信任的人。”于是将吕布绞杀了。吕布和陈宫、高顺都被割下首级送往许都，然后才埋葬尸首。

郭 嘉 传

【提要】

郭嘉（170—207），三国时曹操谋士。字奉孝，颍川阳翟（今河南禹州）人。初投袁绍，后经荀彧推荐，为曹操召见，任司空军师祭酒。在官渡之战前夕，他分析袁绍有十败，曹操有十胜，增强了曹操战胜袁绍的信心，他先后从征十一年，屡建谋功。被封为洧阳亭侯。年三十八岁死，曹操亲自临丧。

【原文】

郭嘉字奉孝，颍川阳翟人也。初，北见袁绍，谓绍谋臣辛评、郭图曰："夫智者审于量主，故百举百全而功名可立也。袁公徒欲效周公之下士，而未知用人之机。多端寡要，好谋无决，欲与共济天下大难，定霸王之业，难矣！"于是遂去之。先是时，颍川戏志才，筹画士也，太祖甚器之。早卒。太祖与荀彧书曰："自志才亡后，莫可与计事者。汝、颍固多奇士，谁可以继之？"彧荐嘉。召见，论天下事。太祖曰："使孤成大业者，必此人也。"嘉出，亦喜曰："真吾主也。"表为司空军祭酒。

【译文】

郭嘉字奉孝，颍川郡阳翟县人。早年，郭嘉曾北行去见袁绍，后对袁绍的谋士辛评、郭图说："聪明的人能审慎周到地选择君主，所以凡有举措都很周全，从而可以立功扬名。袁公只想学周公的礼贤下士，却不懂得用人的道理。思虑多端而缺乏要领，喜欢谋划而不能决断，要想和他共同拯救国家危难，建立称霸称王的大业，很难很难！"于是就离开了袁绍。在这之前，颍川郡人戏志才，是个善于筹划的人士，太祖很器重他。戏志才死得早。太祖给荀彧写信说："自从志才去世后，我就没有可以与之商量军国大事的人了。汝川、颍川本来多有奇特人士，有谁可以继承戏志才呢？"荀彧推荐了郭嘉。太祖召见郭嘉，议论天下大事。太祖说："能使我成就大事业的，必定是这个人。"郭嘉出来后，也十分高兴地说："这才真正是我要投奔的主人啊。"太祖上表任命郭嘉为司空军祭酒。

郭　嘉

【原文】

征吕布，三战破之，布退固定。时士卒疲倦，太祖欲引军还，嘉说太祖急攻之，遂禽布。语在《荀攸传》。

【译文】

太祖征讨吕布，三战三胜。吕布后退坚守。这时因士兵疲倦，太祖想要率领军队撤回，郭嘉劝说太祖迅速出兵攻击，终于将吕布捉住。这件事记载在本书《荀攸传》中。

【原文】

孙策转斗千里，尽有江东，闻太祖与袁绍相持于官渡，将渡江北袭许。众闻皆惧，嘉料之曰："策新并江东，所诛皆英豪雄杰能得人死力者也。然策轻而无备，虽有百万之众，无异于独行中原也。若刺客伏起，一人之敌耳。以吾观之，必死于匹夫之手。"策临江未济，果为许贡客所杀。

【译文】

孙策转战千里，占据了全部江东地区，听说太祖与袁绍在官渡相持不下，于是打算渡过长江向北袭击许昌。众人听到这个消息都很恐惧。郭嘉估计说："孙策刚刚吞并了江东，所诛杀的都是些能得人死力相助的英雄豪杰，但是孙策为人轻率而不善于设置戒备，虽然拥有百万大军，却和他一个人来到中原没什么两样。如果有刺客伏击，那他就不过是一人之敌罢了。在我看来，孙策必定要死在一个普通人手中。"孙策临江还未渡过时，果然被许贡的家客所刺杀。

【原文】

从破袁绍，绍死，又从讨谭、尚于黎阳，连战数克。诸将欲乘胜遂攻之，嘉曰："袁绍爱此二子，莫适立也。有郭图、逢纪为之谋臣，必交斗其间，还相离也。急之则相持，缓之而后争心生。不如南向荆州若征刘表者，以待其变；变成而后击之，可一举定也。"太祖曰："善。"乃南征。军至西平，谭、尚果争冀州。谭为尚军所败，走保平原，遣辛毗乞降。太祖还救之，遂从定邺。又从攻谭于南皮，冀州平。封嘉洧阳亭侯。

二袁争锋

【译文】

郭嘉随从太祖打败袁绍，袁绍死后，又随太祖到黎阳讨伐袁谭、袁尚，屡战屡胜。众将领想要乘胜攻击，郭嘉说："袁绍爱他这两个儿子，一直没有确立哪一个为继承人。二人分别有郭图、逢纪做自己的谋臣，一定会在其间挑起争斗，会互相离心。我们攻得太急，他们就会互相扶助，我们攻势一缓和，他们互相争斗的心思就产生了。我们不如南下荆州做出征讨刘表的样子，以等待他们的变化；变局已成，而后出兵攻击，就可以一举平定了。"太祖说："好。"于是率军南下。军队开至西平县，袁谭、袁尚果然开始争夺冀州，袁谭被袁尚军队打败，退却保守平原，派遣辛毗向太祖乞请投降。太祖回兵救助袁谭，于是顺势平定了邺县。后来又随太祖在南皮攻打袁谭，平定了冀州。太祖封郭嘉为洧阳亭侯。

【原文】

太祖将征袁尚及三郡乌丸，诸下多惧刘表使刘备袭许以讨太祖，嘉曰："公虽威震天下，胡恃其远，必不设备。因其无备，卒然击之，可破灭也。且袁绍有恩于民夷，而尚兄弟生存。今四州之民，徒以威附，德施未加，舍而南征，尚因乌丸之资，招其死主之臣，胡人一动，民夷俱应，以生蹋顿之心，成觊觎之计，恐青、冀非己之有也。表，坐谈客耳，自知才不足以御备，重任之则恐不能制，轻任之则备不为用，虽虚国远征，公无忧矣。"太祖遂行。至易，嘉言曰："兵贵神速。今千里袭人，辎重多，难以趣利，且彼闻之，必为备；不如留辎重，轻兵兼道以出，掩其不意。"太祖乃密出卢龙塞，直指单于庭。虏卒闻太祖至，惶怖合战。大破之，斩蹋顿及名王已下。尚及兄熙走辽东。

【译文】

太祖准备征讨袁尚和三郡的乌丸人，手下将领大多顾虑刘表会指使刘备袭击许昌以征讨太祖，郭嘉对太祖说："您虽然威震天下，但乌丸依恃他们地处偏远，一定不会预加防备。乘他们没有防备而突然袭击，就可以击破他们。况且袁绍生前对汉人、乌丸人有恩，而袁尚兄弟还在那里。现在四州的百姓，只因迫于威势而归附我们，德政恩惠并未来得及给予他们，如果我们舍弃北征乌丸而南征刘表，袁尚就会凭借乌丸的资助，招集愿意为之死战的部下，乌丸一动，当地的汉人、胡人都会响应，就将助长蹋顿的野心，坚定他们非分侵吞中原的计划，那时恐怕青、冀二州就又不是我们所有了。刘表不过是个空谈家罢了，自知才能不足以驾驭刘备，重用刘备，怕不能控制他，如不重用，刘备又不会为他出力。所以我们即使出动全军远征，您也不用为此忧虑。"太祖这才出征。走到易县时，郭嘉建议说："兵贵神速。现在我们远行千里偷袭敌人，带的军用物资太多，难以迅速推进以把握良机，而且对方要是知道了，一定会预做防备；不如留下军用物资，轻兵兼程而前，出其不意地攻击敌人。"太祖于是秘密从卢龙塞出兵，直指单于巢穴。乌丸人突然听到太祖军队到了，仓促迎战。太祖军大败乌丸军，斩杀了蹋顿和名王以下不少将领。袁尚和他哥哥袁熙逃往辽东郡。

【原文】

嘉深通有算略，达于事情。太祖曰："唯奉孝为能知孤意。"年三十八，自柳城还，疾笃，太祖问疾者交错。及薨，临其丧，哀甚，谓荀攸等曰："诸君年皆孤辈也，唯奉孝最少。天下事竟，欲以后事属之，而中年夭折，命也夫！"乃表曰："军祭酒郭嘉，自从征伐，十有一年。每有大议，临敌制变。臣策未决，嘉辄成之。平定天下，谋功为高。不幸短命，事业未终。追思嘉勋，实不可忘。可增邑八百户，并前千户。"谥曰贞侯。子奕嗣。

【译文】

郭嘉深沉通达，有谋略，通晓事物情理。太祖说："只有郭奉孝能知道我的心思。"三十八岁时，郭嘉从柳城返回，病势很重，太祖派去探问病情的人一个接着一个。到郭嘉去世，太祖亲自前去吊丧，对荀攸等人说："诸位的年纪和我是同辈，只有郭奉孝年纪最轻。寄望于天下战事完毕，我还要把军国大事托付给他，而他却中年夭折，真是天命啊！"随即上表说："军祭酒郭嘉，随我征战有十一年。每当有重大决策事宜，能临敌随机应变。我的决策还未作出，郭嘉往往已经谋划成熟。在平定天下的大业中，郭嘉参与谋略的功绩很高。不幸英年早逝，远大的事业尚未完成。追思郭嘉的功勋，实在不可忘却。可以增加他的封邑八百户，连同以前所有，共一千户。”追赐郭嘉为贞侯。由他的儿子郭奕继承。

钟 会 传

【提要】

钟会（225—264），三国颍川长社（今河南长葛东北）人，字士季。钟繇子。官至司徒，为司马昭重要谋士。景元四年(263年)，与邓艾分军灭蜀。次年谋叛被杀。

【原文】

钟会字士季，颍川长社人，太傅繇小子也。少敏惠夙成。中护军蒋济著论，谓“观其眸子，足以知人”。会年五岁，繇遣见济，济甚异之，曰：“非常人也。”及壮，有才数技艺而博学，精练名理，以夜续昼，由是获声誉。正始中，以为秘书郎，迁尚书、中书侍郎。高贵乡公即尊位，赐爵关内侯。

【译文】

钟会，字士季，颍川长社人。太傅钟繇的小儿子。少年时聪慧早成。中护军蒋济著书，认为“观察某人眼珠子，足可以了解一个人”。钟会五岁时，钟繇带着他去见蒋济，蒋济认为钟会很不一般，说：“这个孩子不同寻常。”等钟会长大后，多才多艺，又博览群书，精研名理，夜以继日，因此声誉很高。正始年间，出任秘书郎职，升尚书、中书侍郎。高贵乡公曹髦即位，赐封钟会为关内侯。

【原文】

毌丘俭作乱，大将军司马景王东征，会从，典知密事。卫将军司马文王为大军后继。景王薨于许昌，文王总统六军，会谋谟帷幄。时中诏敕尚书傅嘏，以东南新定，权留卫将军屯许昌为内外之援，令嘏率诸军还。会与嘏谋，使嘏表上，辄与卫将军俱发，还到雒水南屯住。于是朝廷拜文王为大将军，辅政，会迁黄门侍郎，封东武亭侯，邑三百户。

【译文】

毌丘俭反叛时，大将军司马师率兵东征，钟会随从，掌管机密事宜。卫将军司马昭作为大军的后继部队。司马师在许昌死后，司马昭统师六军。钟会于军帐中出谋划策。当时君主从宫中发出诏书给尚书傅嘏，认为东南刚刚稳定，暂且留下卫将军司马昭屯兵许昌，以便于里应外和，命令傅嘏率各路军队返回洛阳。钟会与傅嘏密谋，让傅嘏上表，同时和卫将军一起出发，退到雒水南屯兵驻守。从此，朝廷封司马昭为大将军，辅佐朝政，钟会升任黄门侍郎，被封为东武亭侯，食邑三百户。

【原文】

甘露二年，征诸葛诞为司空，时会丧宁在家，策诞必不从命，驰白文王。文王以事已施行，不复追改。及诞反，车驾住项，文王至寿春，会复从行。

【译文】

甘露二年（257），任命诸葛诞为司空。当时钟会在家守母丧，估计诸葛诞一定不会听从任命，于是飞马禀告司马昭。司马昭因任命之事已施行，不再追改。到诸葛诞反叛时，皇帝住在项县，司马昭至寿春，钟会再次从行。

钟 会

【原文】

初，吴大将全琮，孙权之婚亲重臣也，琮子怿、孙静、从子端、翩、缉等，皆将兵来救诞。怿兄子辉、仪留建业，与其家内争讼，携其母，将部曲数十家渡江，自归文王。会建策，密为辉、仪作书，使辉、仪所亲信赍入城告怿等，说吴中怒怿等不能拔寿春，欲尽诛诸将家，故逃来归命。怿等恐惧，遂将所领开东城门出降，皆蒙封宠，城中由是乖离。寿春之破，会谋居多，亲待日隆，时人谓之子房。军还，迁为太仆，固辞不就。以中郎在大将军府管记室事，为腹心之任。以讨诸葛诞功，进爵陈侯，屡让不受。诏曰：“会典综军事，参同计策，料敌制胜，有谋谟之勋，而推宠固让，辞指款实，前后累重，志不可夺。夫成功不处，古人所重，其听会所执，以成其美。”迁司隶校尉。虽在外司，时政损益，当世与夺，无不综典。嵇康等见诛，皆会谋也。

【译文】

起初，东吴大将全琮，是同孙权有婚姻亲戚关系的重臣。全琮儿子全怿、孙子全静，从侄全端、全翩、全缉等都率兵来解救诸葛诞。全怿哥哥的儿子全辉、全仪留在建业，和家里人争吵，携老母及家丁数十人家渡江归附司马昭。钟会设计，暗地里替全辉、全仪写信，派遣全辉、全仪的亲信拿着信到城内报告全怿等，说东吴对全怿等不能解寿春之围，感到很恼怒，要将各位将领的家属全杀死，所以他们才渡江投奔司马昭。全怿等感到畏惧，只得将其所管辖的东城门打开，出来投降。这些人都受到封赏。城内因此出现分离不和。攻破寿春，钟会出谋划策最多，因此日益得到司马昭的宠信。当时人管他叫张良。大军撤还后，升为太仆，坚决辞让不就职。后以中郎官在大将军府任记室，为司马昭的心腹。因为讨伐诸葛诞有功，钟会被封为陈侯，反复辞让。皇帝下诏说：“钟会参与军事，出谋划策，料敌制胜，有贡献谋略的功绩，但不受封赏，言辞意旨，恳切诚实，先后数次，志向不能改变。那些居功不傲的人，古来为人尊重。那就听从钟会的请求，成全他的美德。”升迁为司隶校尉，虽在外任，但朝廷大小事，官吏任免权，钟会无不插手。嵇康等人被杀，都是钟会出的计谋。

司马昭

【原文】

文王以蜀大将姜维屡扰边陲，料蜀国小民疲，资力单竭，欲大举图蜀。惟会亦以为蜀可取，豫共筹度地形，考论事势。景元三年冬，以会为镇西将军、假节，都督关中诸军事。文王敕青、徐、兖、豫、荆、扬诸州，并使作船，又令唐咨作浮海大船，外为将伐吴者。四年秋，乃下诏使邓艾、诸葛绪各统诸军三万余人，艾趣甘松、沓中连缀维，绪趣武街、桥头绝维归路。会统十余万众，分从斜谷、骆谷入。先命牙门将许仪在前治道，会在后行，而桥穿，马足陷，于是斩仪。仪者，许褚之子，有功王室，犹不原贷。诸军闻之，莫不震竦。蜀令诸围皆不得战，退还汉、乐二城守。魏兴太守刘钦趣子午谷，诸军数道平行，至汉中。蜀监军王含守乐城，护军蒋斌守汉城，兵各五千。会使护军荀恺、前将军李辅各统万人，恺围汉城，辅围乐城。会径过，西出阳安口，遣人祭诸葛亮之墓。使护军胡烈等行前，攻破关城，得库藏积谷。姜维自沓中还，至阴平，合集士众，欲赴关城。未到，闻其已破，退趣白水，与蜀将张翼、廖化等合守剑阁拒会。会移檄蜀将吏士民曰：

“往者汉祚衰微，率土分崩，生民之命，几于泯灭。太祖武皇帝神武圣哲，拨乱反正，拯其将坠，造我区夏。高祖文皇帝应天顺民，受命践阼。烈祖明皇帝奕世重光，恢拓洪业。然江山之外，异政殊俗，率土齐民未蒙王化，此三祖所以顾怀遗恨也。今主上圣德钦明，绍隆前绪，宰辅忠肃明允，劬劳王室，布政垂惠而万邦协和，施德百蛮而肃慎致贡。悼彼巴蜀，独为匪民，愍此百姓，劳役未已。是以命授六师，龚行天罚，征西、雍州、镇西诸军，五道并进。古之行军，以仁为本，以义治之；王者之师，有征无战；故虞舜舞干戚而服有苗，周武有散财、发廪、表闾之义。今镇西奉辞衔命，摄统戎重，庶弘文告之训，以济元元之命，非欲穷武极战，以快一朝之政，故略陈安危之要，其敬听话言。

“益州先主以命世英才，兴兵朔野，困踬冀、徐之郊，制命绍、布之手，太祖拯而济之，与隆大好。中更背违，弃同即异，诸葛孔明仍规秦川，姜伯约屡出陇右，劳动我边境，侵扰我氐、羌，方国家多故，未遑修九伐之征也。今边境乂清，方内无事，畜力待时，并兵一向，而巴蜀一州之众，分张守备，难以御天下之师。段谷、侯和沮伤之气，难以敌堂堂之陈。比年以来，曾无宁岁，征夫勤瘁，难以当子来之民。此皆诸贤所亲见也。蜀相壮见禽于秦，公孙述授首于汉，九州之险，是非一姓。此皆诸贤所备闻也。明者见危于无形，智者规祸于未萌，是以微子去商，长为周宾，陈平背项，立功于汉。岂晏安鸩毒，怀禄而不变哉？今国朝隆天覆之恩，宰辅弘宽恕之德，先惠后诛，好生恶杀。往者吴将孙壹举众内附，位为上司，宠秩殊异。文钦、唐咨为国大害，叛主仇贼，还为戎首。咨困逼禽获，钦二子还降，皆将军、封侯；咨与闻国事。壹等穷蹙归命，犹加盛宠，况巴蜀贤知见机而作者哉！诚能深鉴成败，邈然高蹈，投迹微子之踪，错身陈平之轨，则福同古人，庆流来裔，百姓士民，安堵旧业，农不易亩，市不回肆，去累卵之危，就永安之福，岂不美与！若偷安旦夕，迷而不反，大兵一发，玉石皆碎，虽欲悔之，亦无及已。其详择利害，自求多福，各具宣布，咸使闻知。”

【译文】

司马昭认为，西蜀大将姜维不断侵扰边境，料想他们国土狭小，百姓疲惫，财力将尽，想派大兵讨伐西蜀。钟会也认为西蜀可以攻取，就参与谋划，测度地形，纵论形势。景元三年（262） 冬天，朝廷任命钟会为镇西将军，持有节杖，都督关中诸军事。司马昭下令青州、徐州、兖州、豫州、荆州、扬州等地建造战船，又命令唐咨建造航海大船，对外做出要讨伐东吴的样子。景元四年（263） 秋天，朝廷命令邓艾、诸葛绪各统帅三万多人。邓艾向甘松、沓中等地牵制姜维，诸葛绪向武街、桥头等地切断姜维的退路。钟会统帅十余万人，分别从斜谷、骆谷等地入蜀。先派牙门将许仪在前面修路，钟会率大军随后，过桥时，因为许仪部队架的桥有漏处，马腿陷了进去。钟会为此而杀了许仪。许仪是许褚的儿子，许褚为朝廷立下过汗马功劳，但都不能获得原谅。各路军队听了这件事，无不惊恐畏惧。西蜀命令各个防守据点都不要交战，退回到汉、乐二城固守。魏军太守刘钦直赴子午谷，各军数路齐头并进，来到汉中。西蜀监军王含固守乐城，护军蒋斌驻守汉城。各领兵五千。钟会派护军荀恺、前将军李辅各自统帅万余兵马。荀恺包围汉城，李辅包围乐城，钟会率兵一直深入，西出阳安口，派人扫祭诸葛亮的坟墓，同时让护军胡烈等率军打前阵，攻破关城，获得仓库中的粮食。姜维从沓中撤回，行至阴平，纠集兵力，想赶赴关城，还未到达，听说关城已经陷落，于是退向白水，与西蜀将领张翼、廖化一起联合守卫剑阁抵御钟会。钟会向蜀国文武官员和军民发出檄文说：

钟会伐蜀

“从前汉代国命衰微，国家分崩离析，老百姓处于水深火热中。太祖武皇帝曹操神明威武，有超凡的才智，拨乱反正，拯救濒临颓危的百姓，拯救汉朝于垂危之中。高祖文皇帝曹丕顺应天意，顺乎民心，登基称帝。烈祖明皇帝伟业重光，开拓大业。但我疆域之外，有与我不同的政教和风俗，那里的天地、百姓还没有沐浴到浩荡的皇恩德泽。这是我们三位圣祖甚感遗憾的事。而今皇帝宽宏大量，要继承光大前代的业绩；辅佐大臣忠心耿耿，贤明公正，安排政事，流惠百姓，所以各地得以调和一致。对那些少数民族施以圣德，他们都来称臣纳贡。可怜你们巴蜀黎民，唯独没有被当作人看，怜悯这些百姓，服役终身，没完没了。因此命令六军，奉行天意，惩罚大逆不道之徒。征西将军、雍州刺史、镇西将军等率五路大兵，齐头并进。古代行军，以仁义作为根本，以正义治理军队。帝王的军队，有征无战。所以，虞舜不用征战而修文德教化，有苗臣服；周武王有灭掉商朝、分散鹿台的资财、打开矩桥的仓库、表彰商朝贤臣的义举。而今镇西将军奉命征讨，统帅大军，解救老百姓的生命，并不是炫耀武力血战一场，以快意于一朝的征战。所以简略地陈述一下安危的大要，请敬听善言。

“益州先主刘备以雄才大略，兴兵北方原野，在冀州、徐州等地受到挫折时，被袁绍、吕布所迫胁，我太祖曹操为他解围，以深恩厚德待他。不料刘备中途变卦，抛弃同盟，亲近异敌。诸葛孔明更是频繁地窥视秦川，而姜伯约则屡次出兵陇右，滋扰我边境，侵害我氐、羌民众。当时国家事情太多，没有来得及讨伐。而今边境安宁，国内太平，积蓄力量，等待时机，集合众兵，集中朝一个方向进攻。至于巴蜀不过有一个州的兵力，分散守卫，难以抵御帝王之师。在段谷、侯和，蜀军已受重创，很难抵御我军强大的攻势。连年以来，巴蜀不曾太平，征夫连年作战，疲惫不堪，是很难抵挡我万众一心的军队的。这都是各位贤士亲眼目睹的。先前的蜀地的丞相陈壮被秦捉拿，公孙述被吴汉所杀。九州的险要地区，并不是某一姓的统治者能长久占据的。这些事你们也听说过。聪明的人能预见没有形成的危险，睿智的人能够看到还没有萌生的祸害。因此微子离开商朝，长久地做了周朝的宾客；陈平背离项羽，为汉朝立下功劳。你们哪能苟且偷安，如同饮鸩毒一样，只知吃蜀国俸禄而不弃暗投明呢？而今国朝扩大如天宇覆盖一般的大恩，宰辅弘扬宽仁的恩德，先施恩惠而后行诛讨，爱惜生灵而厌恶残杀。从前东吴将领孙壹率众人归附中原，结果他得到高官，颇得重用。文钦、唐咨为国家大害，是背叛君主的仇敌，做了敌人的首领。唐咨在走投无路时被擒获，文钦的两个儿子投降，都被封为公侯、将军；唐咨还参与国家大事。孙壹等困顿时归顺朝廷，还受到很大宠信，更何况巴蜀的那些能见机行事的贤者呢！果真能明察成败，高瞻远瞩，效法微子，学习陈平，那么你们的福分就会与古人相同，也会造福后人。天下百姓，安居乐业，农田不荒废，市场照样繁荣，远离危险，永享大福，这不是很美好吗！如果苟且偷安于一时，执迷不悟，大兵进发之际，玉石俱碎，到那时再后悔就晚了。请你们仔细考虑利害关系，自己谋求幸福，并请相互转告以上陈述，使众人明白我们的态度。”

【原文】

邓艾追姜维到阴平，简选精锐，欲从汉德阳入江由、左儋道诣绵竹，趣成都，与诸葛绪共行。绪以本受节度邀姜维，西行非本诏，遂进军前向白水，与会合。会遣将军田章等从剑阁西，径出江由。未至百里，章先破蜀伏兵三校，艾使章先登。遂长驱而前。会与绪军向剑阁，会欲专军势，密白绪畏懦不进，槛车征还。军悉属会，进攻剑阁，不克，引退，蜀军保险据守。艾遂至绵竹，大战，斩诸葛瞻。维等闻瞻已破，率其众东入于巴。会乃进军至涪，遣胡烈、田续、庞会等追维。艾进军向成都，刘禅诣艾降，遣使敕维等令降于会。维至广汉郪县，令兵悉放器仗，送节传于胡烈，便从东道诣会降。会上言曰：“贼姜维、张翼、廖化、董厥等逃死遁走，欲趣成都。臣辄遣司马夏侯咸、护军胡烈等，经从剑阁，出新都、大渡截其前，参军爰彭、将军句安等蹑其后，参军皇甫闿、将军王买等从涪南出冲其腹，臣据涪县为东西势援。维等所统步骑四五万人，擐甲厉兵，塞川填谷，数百里中首尾相继，凭恃其众，方轨而西。臣敕咸、闾等令分兵据势，广张罗网，南杜走吴之道，西塞成都之路，北绝越逸之径，四面云集，首尾并进，蹊路断绝，走伏无地。臣又手书申喻，开示生路，群寇困逼，知命穷数尽，解甲投戈，面缚委质，印绶万数，资器山积。昔舜舞干戚，有苗自服；牧野之师，商旅倒戈：有征无战，帝王之盛业。‘全国为上，破国次之；全军为上，破军次之’，用兵之令典。陛下圣德，侔踪前代，翼辅忠明，齐轨公旦，‘仁育群生，义征不谌’，殊俗向化，无思不服，师不逾时，兵不血刃，万里同风，九州共贯。臣辄奉宣诏命，导扬恩化，复其社稷，安其闾伍，舍其赋调，弛其征役，训之德礼以移其风，示之轨仪以易其俗，百姓欣欣，人怀逸豫，后来其苏，义无以过。”会于是禁检士众不得钞略，虚己诱纳，以接蜀之群司，与维情好欢甚。十二月诏曰：“会所向摧弊，前无强敌，缄制众城，网罗进逸。蜀之豪帅，面缚归命，谋无遗策，举无废功。凡所降诛，动以万计，全胜独克，有征无战。拓平西夏，方隅清晏。其以会为司徒，进封县侯，增邑万户。封子二人亭侯，邑各千户。”

【译文】

邓艾追击姜维至阴平，挑选精锐的士兵，想从汉德阳进入江由、左儋道，到达绵竹，趋近成都，与诸葛绪一起前行。诸葛绪因为本来受命拦截姜维，朝廷并没有让他向西进发，于是进军白水，与钟会会合。钟会派遣田章等人率军从剑阁西面直出江由。行军不到百十里，田章首先攻破西蜀伏兵三个营垒，邓艾让田章为前锋，长驱直入。钟会与诸葛绪的部队直奔剑阁。钟会想独占军权，向朝廷告密，说诸葛绪畏缩不敢前进，于是将诸葛绪押进囚车运回京城。军队都由钟会统领，进攻剑阁，没有攻下，只得撤退。蜀军占据天险地形死守。邓艾刚率军到绵竹，与蜀军大战，斩杀诸葛瞻。姜维等听说诸葛瞻已被打败，率领部下向东到巴西郡。钟会于是率兵到达涪县，派遣胡烈、田续、庞会等追击姜维。邓艾率兵逼向成都，刘禅向邓艾投降，又派人命令姜维放下武器，向钟

邓 艾

会投降。姜维行至广汉郪县，下令全军放下武器，将军中的符节送给胡烈，又从东道向钟会投降。钟会上书说："蜀贼姜维、张翼、廖化、董厥等落荒而逃，想奔向成都。我于是派遣司马夏侯咸、护军胡烈等部，经过剑阁、新都、大渡等地拦截敌人的去路，参军爰彭、将军句安等在后追击，参军皇甫闿、将军王买等从涪县南拦腰截击。我则占据涪县为东西两路派援。姜维等统领步兵、骑兵四五万人，身披坚甲，手执利器，堵塞河道，充满山谷，沿川谷数百里向西移兵。我命令夏侯咸、皇甫闿等兵分几路各占据有利地形，遍地张开网罗，南边杜绝逃往吴地的去路，西边堵住撤回成都的退路，北面断绝出逃的小路，从四面对姜维军围追堵截，使他走投无路。我又发布告示，指给他们生还之路。敌人知道气数已尽，只得解甲投诚，收缴印绶上万，武器和战利品堆积如山。从前虞舜挥舞干戚，有苗氏臣服；武王伐纣，陈师牧野，商兵都反戈击纣王。有征伐而不必血战，使敌国全部投降为上策，武力击破为下策，这是帝王盛大的业绩。保全全军为上策，武力击破为下策，这是用兵的道理。陛下怀有圣德，堪与圣王比美，宰辅则忠心辅佐，贤德如同周公旦。陛下恩泽哺育百姓，以正义之师讨伐不义之徒，不同风俗地区向往仁德的教化，无不心悦诚服。出师不超过预定的时间，兵不血刃，就万里同风，各地齐心。我就奉命下诏，宣扬王道，恢复政治，安抚将士，免去他们的租赋和劳役，以道德和法规，为他们移风易俗，百姓人人高兴，人怀逸豫，后来其苏，义无以过。"于是，钟会下令部众不得掠夺，并查处违禁士卒，自己则假意接纳，诱敌归顺，来与汉的各级官吏接解，又与姜维情投意合，经常欢会。十二月，朝廷下诏书说："钟会摧枯拉朽，所向无敌，控制各城，布下天罗地网，蜀国大将，束手投降。考虑问题缜密周全，所以战无不胜，被歼之敌，数以万计，全胜而归，有征无战。平定安抚西蜀，四方边境太平。封钟会为司徒，并封县侯，增加封邑万户。封他的两个儿子为亭侯，封邑各一千户。"

【原文】

会内有异志，因邓艾承制专事，密白艾有反状，于是诏书槛车征艾。司马文王惧艾或不从命，敕会并进军成都，监军卫瓘在会前引，以文王手笔令宣喻艾军，艾军皆释仗，遂收艾入槛车。会所惮惟艾，艾既禽而会寻

至，独统大众。威震西土。自谓功名盖世，不可复为人下，加猛将锐卒皆在己手，遂谋反。欲使姜维等皆将蜀兵出斜谷，会自将大众随其后，既至长安，令骑士从陆道，步兵从水道顺流浮渭入河，以为五日可到孟津，与骑会洛阳，一旦天下可定也。会得文王书云："恐邓艾或不就征，今遣中护军贾充将步骑万人径入斜谷，屯乐城，吾自将十万屯长安，相见在近。"会得书，惊呼所亲语之曰："但取邓艾，相国知我能独办之；今来大重，必觉我异矣，便当速发。事成，可得天下；不成，退保蜀汉，不失作刘备也。我自淮南以来，画无遗策，四海所共知也。我欲持此安归乎！"会以五年正月十五日至，其明日，悉请护军、郡守、牙门骑督以上及蜀之故官，为太后发丧于蜀朝堂。矫太后遗诏，使会起兵废文王，皆班示坐上人，使下议讫。书版署置，更使所亲信代领诸军。所请群官，悉闭著益州诸曹屋中，城门宫门皆闭，严兵围守。会帐下督丘建本属胡烈，烈荐之文王，会请以自随，任爱之。建愍烈独坐，启会，使听内一亲兵出取饮食，诸牙门随例各内一人。烈绐语亲兵及疏与其子曰："丘建密说消息，会已作大坑，白棓数千，欲悉呼外兵入，人赐白帢，拜为散将，以次棓杀坑中。"诸牙门亲兵亦咸说此语，一夜传相告，皆徧。或谓会："可尽杀牙门骑督以上。"会犹豫未决。十八日日中，烈军兵与烈儿雷鼓出门，诸军兵不期皆鼓噪出，曾无督促之者，而争先赴城。时方给与姜维铠杖，白外有匈匈声，似失火，有顷，白兵走向城。会惊，谓维曰："兵来似欲作恶，当云何？"维曰："但当击之耳。"会遣兵悉杀所闭诸牙门、郡守，内人共举机以柱门，兵斫门，不能破。斯须，门外倚梯登城，或烧城屋，蚁附乱进，矢下如雨，牙门、郡守各缘屋出，与其卒兵相得。姜维率会左右战，手杀五六人，众既格斩维，争赴杀会。会时年四十，将士死者数百人。

【译文】

钟会怀有叛逆之心，因为邓艾受朝廷圣旨，有权单独行事，于是钟会秘密告状，说邓艾要反叛。于是朝廷下令用囚车关押邓艾，送回京城。司马昭怕邓艾或许不服命令，命令钟会同时进军成都，监军卫瓘打前阵，拿着司马昭亲笔书写的命令通告邓艾部下，邓艾的军队都放下武器，于是将邓艾押进囚车。钟会只怕邓艾。邓艾被捕后，钟会马上赶到成都，统帅大军，威震西蜀。自以为功名盖世，不可再屈居人下，加之猛将精兵都在自己手中，于是谋反。他想派姜维等统帅西蜀将兵由斜谷出击，自己统帅大军随从在后。到了长安以后，下令骑兵走陆道，步兵从水路顺流经渭水入黄河，估计五天就可以抵达孟津，与骑兵在洛阳会师。一时可以拥有天下。钟会得到司马昭的信，说："我担心邓艾不服命令，今派遣中护军贾充率步兵和骑兵万余人入斜谷，驻军乐城。我亲自率十万大军驻扎长安。相见之日已经近了。"钟会看完信后，大惊失色对亲信说："只逮捕邓艾，司马昭知道我能单独办理它，这次来的军队太多，一定发现我有反叛之心，我们应当迅速发兵。如果顺利，可以得天下；如果不顺，退回西蜀，还可以学刘备偏安一隅。自从淮南之战以来，我从未失策，已远近闻名。我要凭着这样的才能归服哪儿呢！"钟会在景元五年（264）正月十五日来到成都。第二天，请所有的护军、郡守、牙门骑督以上的将士以及西蜀的旧官，在蜀国朝堂为魏明帝郭皇后发丧，并假借皇太后遗命，让钟会起兵废掉司马昭，并将假诏书显示给在坐的人，让他们议定，并在盟誓上签名画押，委派亲信率领各路军队。他所请来的各位官吏都被关在益州各官府中，城门、屋门都关牢了，派兵严加看守。钟会部下帐下督丘建原来属于胡烈旧属，胡烈把他推荐给司马昭。钟会召他跟随自己征蜀，对他很器重。丘建同情胡烈被独关一室，对钟会说，应派一个亲信为胡烈端饭倒水，诸牙门将也应按例配备一员侍从。胡烈哄骗亲信侍从并托书信给儿子，说："丘建密告消息，钟会已挖好大坑，做了几千根白棒，想请所有其他部队的兵士，给他们戴上白色帢帽，并授以散将官，对于不跟随造反的将领，一个个用棍棒打死，埋在坑中。"很多牙门将的亲兵都传说此事，一夜之间，众牙门都知道这个消息了。有人对钟会说："应把牙门骑督以上的官吏全都杀掉。"钟会犹豫不决。十八日中午，胡烈部下与胡烈的儿子擂鼓杀出营门，其他各路将士不约而同都出来击鼓，虽没有人统领，却都争先恐后地

钟会败亡

涌向城门。当时刚给姜维发铠甲兵器，说外面有喧扰之声，好像着火了。过了不久，说有士兵涌向城门。钟会很惊讶，问姜维："这些兵看来想要捣乱，怎么办？"姜维说："只有攻打他们。"钟会派兵去杀关押在屋内的牙门、郡守。屋内的人共举器械顶门。士兵用刀砍门，还是不能打开。不久，门外有人驾梯登上城门，有的烧屋子，士兵们如蚂蚁般涌进来，箭如雨下。众牙门、郡守设法逃出屋子，与其部下会合，姜维领着钟会左冲右杀，亲手杀死五六人，经过一番格斗，姜维被杀，众人又一拥而上，杀死钟会。那年，钟会四十岁。将士被杀死的有好几百人。

华 佗 传

【提要】

华佗（？—208），东汉末医学家。字元化，沛国谯（今安徽亳州）人。精通内、外、妇、儿、针灸各科，并对针、药不能治的病运用手术治疗。历史上记载他让病人用酒冲服"麻沸散"，待全身麻醉过后进行剖腹手术。并创造了模仿虎、鹿、熊、猿、鸟等动物动作的"五禽戏"，以锻炼身体。华佗后因不从曹操征召，208年被曹操所杀。所著医书及"麻沸散"方剂失传。

【原文】

华佗字元化，沛国谯人也，一名旉。游学徐土，兼通数经。沛相陈珪举孝廉，太尉黄琬辟，皆不就。晓养性之术，时人以为年且百岁而貌有壮容。又精方药，其疗疾，合汤不过数种，心解分剂，不复称量，煮熟便饮，语其节度，舍去辄愈。若当灸，不过一两处，每处不过七八壮，病亦应除。若当针，亦不过一两处，下针言"当引某许，若至，语人"。病者言"已到"；应便拔针，病亦行差。若病结积在内，针药所不能及，当须刳割者，便饮其麻沸散，须臾便如醉死无所知，因破取。病若在肠中，便断肠湔洗，缝腹膏摩，四五日差，不痛，人亦不自寤，一月之间，即平复矣。

故甘陵相夫人有娠六月，腹痛不安，佗视脉，曰："胎已死矣。"使人手摸知所在，在左则男，在右则女。

人云“在左”，于是为汤下之，果下男形，即愈。

县吏尹世苦四支烦，口中干，不欲闻人声，小便不利。佗曰：“试作热食，得汗则愈；不汗，后三日死。”即作热食而不汗出，佗曰：“藏气已绝于内，当啼泣而绝。”果如佗言。

府吏兒寻、李延共止，俱头痛身热，所苦正同。佗曰：“寻当下之，延当发汗。”或难其异，佗曰：“寻外实，延内实，故治之宜殊。”即各与药，明旦并起。

【译文】

华佗字元化，沛国谯县人，又名华旉。曾游学徐州，兼通几部经典。沛相陈珪荐举他为孝廉，太尉黄琬委任他做属官，他都不就职。由于他通晓养生的方法，当时人认为他已经接近百岁，但容貌像个壮年。又精通方药，替人治病时，配合汤剂不过几种药，心中能准确掌握药物分量，随手抓来，不再称量，煮好便饮，告诉病人注意事项，一剂药吃完病就好了。如果用灸，不过一两处，每处艾灼不过七八壮，病也应时而除。如果用针，也不过一两处。进针时对病人说：“胀麻的感觉应当传到某处，要是到了，就告诉我。”病人说“已到”，便拔出针，病也就很快好了。如若病结积在体内深处，下针用药都不能达到，需要用刀剖开的，便服下他的麻沸散，一会儿就像醉死过去，毫无知觉，于是乘机破开治疗。病若在肠中，便割断肠清洗，然后缝好肚腹，抹上药膏，四五天就好了，不痛，病人自己也不觉得，一月之间，就完全康复了。

华　佗

原甘陵相的夫人怀孕六个月，腹痛不安。华佗切过脉，说：“胎已经死了。”叫人用手摸，找到胎儿位置，在左就是男胎，在右就是女胎。摸的人说“在左”，于是服汤药打下，果然打下男胎，孕妇也就好了。

县吏尹世苦于四肢烦燥，口中干渴，不愿听见人声，小便不利。华佗说：“试替他做些热食吃下，出汗就好了；若不出汗，过三天就会死去。”马上做热食，吃下之后不出汗，华佗说：“五脏的生气已绝于内，将要哭啼而死。”结果真像他所说的那样。

麻吏兒寻、李延二人住在一起，都感到头痛身热，症状完全相同。华佗说："兒寻应当用泻法，李延应当发汗。"有人反驳他，为什么症状相同，治法不同！华佗说："兒寻外实，李延内实，所以治疗应当不同。"于是分别给药，第二天都起了床。

【原文】

盐渎严昕与数人共候佗，适至，佗谓昕曰："君身中佳否？"昕曰："自如常。"佗曰："君有急病见于面，莫多饮酒。"坐毕归，行数里，昕卒头眩堕车，人扶将还，载归家，中宿死。

【译文】

盐渎县人严昕与几个人一起等候华佗，正好来了，华佗对严昕说："您感觉身体好吗？"严昕说："跟平常一样。"华佗说："您有急病表现在脸上，莫多饮酒。"事情完毕离座归家，走了几里，严昕突然头晕跌下车来，其他人扶他上车，回到家，半夜就死了。

【原文】

故督邮顿子献得病已差，诣佗视脉，曰："尚虚，未得复，勿为劳事，御内即死。临死，当吐舌数寸。"其妻闻其病除，从百余里来省之，止宿交接，中间三日发病，一如佗言。

【译文】

原督邮顿子献得病已好了，去找华佗看脉，华佗说："你还虚弱，还没有复元，不要做劳累的事，若与妻子同房就要丢命。临死时，将会吐出舌头好几寸。"顿子献的妻子听说他病已好，从百多里外来看他，留宿并同了房，隔了三天就发病，完全像华佗说的那样。

【原文】

督邮徐毅得病，佗往省之。毅谓佗曰："昨使医曹吏刘租针胃管讫，便苦咳嗽，欲卧不安。"佗曰："刺不得胃管，误中肝也，食当日减，五日不救。"遂如佗言。

【译文】

督邮徐毅得病，华佗去看他。徐毅对华佗说："昨天叫医曹吏刘租针胃管穴之后，便苦于咳嗽，想睡觉，身体不适。"华佗说："这是因为没有刺准胃管，误伤了肝，饮食将会一天天减少，五天之后不可救。"结果也如华佗所说。

【原文】

东阳陈叔山小男二岁得疾，下利常先啼，日以羸困。问佗，佗曰："其母怀躯，阳气内养，乳中虚冷，儿得母寒，故令不时愈。"佗与四物女宛丸，十日即除。

【译文】

东阳县人陈叔山的小儿子两岁得病，腹泻时常先哭啼，一天天瘦弱无力。问华佗，华佗说："他母亲怀孕时，阳气集到腹内，乳中虚冷，小儿吸了母亲的寒气，以致不能及时痊愈。"华佗开给四物女宛丸，十天就好了。

【原文】

彭城夫人夜之厕，虿螫其手，呻呼无赖。佗令温汤近热，渍手其中，卒可得寐，但旁人数为易汤，汤令暖之，其旦即愈。

军吏梅平得病，除名还家，家居广陵，未至二百里，止亲人舍。有顷，佗偶至主人许，主人令佗视平，佗谓平曰："君早见我，可不至此。今疾已结，促去可得与家相见，五日卒。"应时归，如佗所刻。

【译文】

彭城夫人夜里上厕所，被蝎子螫了手，呻吟呼叫，百般无奈。华佗叫她把手浸在比较热的温水中，终于能够入睡；只是旁人要经常为她换水，使水保持热度，第二天清早就好了。

军吏梅平得病，被除名回家。他家住在广陵，离家还有二百里，到一个亲戚家里歇息。过了一会儿，华佗偶然到了这家，这家主人请华佗给梅平看病。华佗对梅平说："您早见到我，可以不至于此。现在病已经很深，赶快回去还可以与家人相见，过五天就没救了。"梅平马上回家，正像华佗预计的那样。

【原文】

佗行道，见一人病咽塞，嗜食而不得下，家人车载欲往就医。佗闻其呻吟，驻车往视，语之曰："向来道边有卖饼家蒜齑大酢，从取三升饮之，病自当去。"即如佗言，立吐蛇一枚，县车边，欲造佗。佗尚未还，小儿戏门前，逆见，自相谓曰："似逢我公，车边病是也。"疾者前入坐，见佗北壁县此蛇辈约以十数。

【译文】

华佗走在路上，见一人患咽喉哽塞，很想吃东西却吞不下，家里人准备用车载他去就医。华佗听见了呻吟声，就停车去看了，说："路边那卖大饼的人家有蒜醋，向他要三升喝下去，病就会好。"病者便照华佗说的办，马上吐出一条蛇。他把蛇挂在车边，想要拜访华佗。华佗还没回家，有小儿在门前玩耍，迎面看见，互相说："他好像遇见了我们爷爷，因为车边挂着这个东西。"病人进屋入座，看见华佗家北墙头悬挂这类蛇有好几十条。

【原文】

又有一郡守病，佗以为其人盛怒则差，乃多受其货而不加治，无何弃去，留书骂之。郡守果大怒，令人追捉杀佗。郡守子知之，属使勿逐。守瞋恚既甚，吐黑血数升而愈。

又有一士大夫不快，佗云："君病深，当破腹取。然君寿亦不过十年，病不能杀君，忍病十岁，寿俱当尽，不足故自刳裂。"士大夫不耐痛痒，必欲除之。佗遂下手，所患寻差，十年竟死。

广陵太守陈登得病，胸中烦懑，面赤不食。佗脉之曰："府君胃中有虫数升，欲成内疽，食腥物所为也。"即作汤二升，先服一升，斯须尽服之。食顷，吐出三升许虫，赤头皆动，半身是生鱼脍也，所苦便愈。佗曰："此病后三期当发，遇良医乃可济救。"依期果发动，时佗不在，如言而死。

【译文】

又有一位郡太守生了病，华佗认为此人如果大怒病就会好。因此收了他很多财物而不加以治疗，不久更是丢下他不辞而走，还留封信骂他。郡守果然大怒，派人追赶，要捉拿并杀死华佗。郡守的儿子知道这事，嘱咐所派的人不要追赶。太守愤怒得很，吐出黑血几升，病马上就好了。

又有一位士大夫不舒服，华佗说："你的病很深，要剖腹治疗。但你的寿命也不过十年，病不能要你的命，忍病十年，寿数也完了，不值得特意剖腹。"这个士大夫受不了又痛又痒的折磨，一定要治疗。华佗就替他动手开刀，病很快就好了，但过了十年还是死了。

广陵太守陈登得病，胸中烦燥，面红耳赤，不思饮食。华佗诊过脉，说："府君胃中有好几升虫，快要形成内疽，这是吃腥物造成的。"立即做汤剂二升，先服一升，过一会儿全部服下。大约有一顿饭工夫，吐出三升左右的虫，赤色的头都在蠕动，半截身体还是切细的生鱼肉，所害的病也就痊愈了。华佗说："这个病过三年还会复发，遇到好的医生才可以救治。"到期果然发作，当时华佗不在，病人正像他所预言的那样死去了。

【原文】

太祖闻而召佗，佗常在左右，太祖苦头风，每发，心乱目眩，佗针鬲，随手而差。

【译文】

太祖听说后把华佗召来，让他经常在身边。太祖患头风，每次发病，心乱目眩，华佗针膈俞穴，手到病除。

【原文】

李将军妻病甚，呼佗视脉，曰："伤娠而胎不去。"将军言："间实伤娠，胎已去矣。"佗曰："案脉，胎未去也。"将军以为不然。佗舍去，妇稍小差。百余日复动，更呼佗，佗曰："此脉故事有胎。前当生两儿，一儿先出，血出甚多，后儿不及生。母不自觉，旁人亦不寤，不复迎，遂不得生。胎死，血脉不复归，必燥著母脊，故使多脊痛。今当与汤，并针一处，此死胎必出。"汤针既加，妇痛急如欲生者。佗曰："此死胎久枯，不能自出，宜使人探之。”果得一死男，手足完具，色黑，长可尺所。

【译文】

李将军的妻子病得很厉害，叫华佗诊脉，华佗说：“伤了胎但死胎没有除去。”将军说：“近来确是伤过胎，但死胎已经出来了。”华佗说：“按脉，胎没下。”将军认为不对。华佗也就不管了，而妇人的病也逐渐好了一点。过了百余天再次发作，又把华佗叫来。华佗说：“她这脉按先例就是有胎。以前应当是生两个婴儿，一个婴儿先生下，出血很多，后一个婴儿来不及生。母亲自己不觉得，旁人也不了解，不再接生，因此就没有生出来。胎死，血脉不再进入胎儿体内，必然干枯而贴连母亲的脊背，致使背脊常痛。现在应当给她服汤药，并针一处，这死胎自会出来。”服过药，扎过针，妇人急痛，就像要生产一样。华佗说：“这个死胎已干枯很久，不能自己出来，应该叫人用手探取。”果然取出一个死了的男胎，手足都有，黑色，长一尺左右。

【原文】

佗之绝技，凡此类也。然本作士人，以医见业，意常自悔，后太祖亲理，得病笃重，使佗专视。佗曰：“此近难济，恒事攻治，可延岁月。”佗久远家思归，因曰：“当得家书，方欲暂还耳。”到家，辞以妻病，数乞期不反。太祖累书呼，又敕郡县发遣，佗恃能，厌食事，犹不上道。太祖大怒，使人往检：若妻信病，赐小豆四十斛，宽假限日；若其虚诈，便收送之。于是传付许狱，考验首服。荀彧请曰：“佗术实工，人命所县，宜含宥之。”太祖曰：“不忧，天下当无此鼠辈耶？”遂考竟佗。佗临死，出一卷书与狱吏，曰：“此可以活人。”吏畏法不受，佗亦不强，索火烧之。佗死后，太祖头风未除。太祖曰：“佗能愈此。小人养吾病，欲以自重，然吾不杀此子，亦终当不为我断此根原耳。”及后爱子仓舒病困，太祖叹曰：“吾悔杀华佗，令此儿强死也。”

初，军吏李成苦咳嗽，昼夜不寐，时吐脓血，以问佗。佗言：“君病肠臃，咳之所吐，非从肺来也。与君散两钱，当吐二升余脓血，讫，快自养，一月可小起，好自将爱，一年便健。十八岁当一小发，服此散，亦行复差。若不得此药，故当死。”复与两钱散。成得药，去五六岁，亲中人有病如成者，谓成曰：“卿今强健，我欲死，何忍无急去药以待不祥？先持贷我，我差，为卿从华佗更索。”成与之。已故到谯，适值佗见收，匆匆不忍从求。后十八岁，成病竟发，无药可服，以至于死。

【译文】

华佗的绝技，都像这一类。但他本来是士人，而以医道作为职业，心中常感到后悔。后来太祖亲自处理国事，得病很重，叫华佗专门诊治。华佗说：“这种病一时很难治好，长期治疗，方可延迟岁月。”华佗长期离家思归，因而说：“适才得到家书，想暂时回去。”到家后，借口妻子病了，多次请假不返。太祖几次写信叫他，又命令郡县官吏催他回来。华佗仗恃自己的技能，厌恶为人役使以求食，仍然不上路。太祖大怒，叫人前往调查核实：如果他妻子真的病了，便赐给小豆四十斛，延长假期；如果他弄虚作假，便拘捕送回。于是被辗转押送到许都的监狱，经拷问，本人认罪服罪。荀彧请命说：“华佗的医术的确很高明，事关人命，应该宽赦他。”太祖说：“别担忧，天下难道会没有这等鼠辈吗？”于是将他拷打，以致死于狱中。华佗临死，拿出一卷书送给狱吏，说：“这书可以活人。”狱吏怕犯法不敢接受，华佗也不勉强他，索火烧了。华佗死后，太祖头风病还是没有好。太祖说：“华佗能治愈这种病。小人留下我的病，是想以此抬高自己。但如果我不杀这小子，也终究不会为我断绝这病根的。”后来爱子仓舒病危，太祖叹息说：“我后悔杀了华佗，使得这孩子枉死。”

荀　彧

起初，军吏李成苦于咳嗽，昼夜不能入睡，时常吐脓血，去问华佗。华佗说：“你得的是肠痈，咳嗽吐出的东西，不是从肺部来的。我给你药粉两钱，吃了将会吐出二升多脓血，吐完就感觉舒服了。自己休养，一个月可稍稍起床；再好生将养爱护，一年便能恢复健康。过十八年将会小发一次，服了这药，不久又会痊愈。但假使没有这种药，那就必然会病故。”于是再给他两钱这种药粉。李成得药，收藏了五六年，亲戚中有人得了同样的病，对李成说：“你现在很强健，而我快死了，你怎么忍心没有急病而藏着药，以等待将来生病？你先拿来借给我吃，我好了，替你去向华佗另外索取。”李成把药给了他。过后这人因事到谯县，正遇上华佗被拘捕，匆忙之中不忍向他求药。到了十八年，李成的病果然发作，无药可服，以致死亡。

【原文】

广陵吴普、彭城樊阿皆从佗学。普依准佗治，多所全济。佗语普曰：“人体欲得劳动，但不当使极尔。动摇则谷气得消，血脉流通，病不得生，譬犹户枢不朽是也。是以古之仙者为导引之事，熊颈鸱顾，引挽腰体，动诸关节，以求难老。吾有一术，名五禽之戏，一曰虎，二曰鹿，三曰熊，四曰猿，五曰鸟，亦以除疾，并利蹄足，以当导引。体中不快，起作一禽之戏，沾濡汗出，因上著粉，身体轻便，腹中欲食。”普施行之，年九十余，耳目聪明，齿牙完坚。

【译文】

广陵吴普、彭城樊阿都跟随华佗学医。吴普依照华佗治疗的方法，医好了很多人。华佗对吴普说：“人体应当经常活动，只是不要过于疲劳罢了。活动可以使食物消化，血脉流通，不致生病，好比经常转动的户枢不会腐朽一样。因此古代的仙人作‘导引’的活动，仿效大熊攀枝和鸱鸟回顾的动作，伸展腰肢，活动各关节，以求推迟衰老。我有一种健身术，名叫‘五禽戏’，一为虎，二为鹿，三为熊，四为猿，五为鸟，也是用来消除疾病，并使四肢轻健，用来当作古人的导引之术。身体不舒服，便起身做一禽之戏，微微出汗，然后扑一点粉，便会感到身体轻便，腹中想吃东西。”吴普如法身行，活了九十多岁，还是耳聪目明，牙齿完整坚固。

【原文】

阿善针术。凡医咸言背及胸藏之间不可妄针，针之不过四分，而阿针背入一二寸，巨阙胸藏针下五六寸，而病辄皆瘳。阿从佗求可服食益于人者，佗授以漆叶青黏散。漆叶屑一升，青黏屑十四两，以是为率，言久服去三虫，利五藏，轻体，使人头不白。阿从其言，寿百余岁。漆叶处所而有，青黏生于丰、沛、彭城及朝歌云。

【译文】

樊阿善于针术。一般医生都说背部和胸部内脏区域不能乱扎针，要扎针也不能深过四分，而樊阿在背部扎针深入一二寸，在巨阙穴当胸脏处下针五六寸，而病者立即痊愈。樊阿向华佗求教可以服食而对人有益的药，华佗传授给他“漆叶青黏散”：漆叶屑一升，青黏屑十四两，按这个比例配方。说是久服可以除去三虫，有利于五脏，使身体轻便，头发不白。樊阿听从他的话，高寿百余岁。漆叶到处都有，青黏生于丰、沛、彭城和朝歌等县。

先　主　传

【提要】

刘备(161—223)，三国时蜀汉的创建者。又称先主。字玄德，涿郡涿县(今河北涿州)人。幼贫，与母贩履织席为业。东汉末年起兵，后在荆州立足，三顾茅庐得到诸葛亮的辅佐。208年，与孙权联合，于赤壁之战大败曹操，221年称帝，定都成都(今属四川)，国号汉，年号章武。次年，为吴军败于夷陵，退居白帝城。223年，托孤于诸葛亮，病卒于永安宫，谥昭烈帝。

【原文】

先主姓刘，讳备，字玄德，涿郡涿县人，汉景帝子中山靖王胜之后也。胜子贞，元狩六年封涿县陆城亭侯，坐酎金失侯，因家焉。先主祖雄，父弘，世仕州郡。雄举孝廉，官至东郡范令。

【译文】

先主姓刘，名备，字玄德，涿郡涿县人，是汉景帝的儿子中山靖王刘胜的后代。刘胜子刘贞，汉武帝元狩六年(前117) 封涿县陆城亭侯，由于献金助祭不合规格而被取消侯爵，因此也就在涿县安了家。先主的祖父刘雄、父亲刘弘，世代在本州郡做官。刘雄被举荐为孝廉，官至东郡范县县令。

【原文】

先主少孤，与母贩履织席为业。舍东南角篱上有桑树生，高五丈余，遥望见童童如小车盖，往来者皆怪此树非凡，或谓当出贵人。先主少时，与宗中诸小儿于树下戏，言："吾必当乘此羽葆盖车。"叔父子敬谓曰："汝勿妄语，灭吾门也！"年十五，母使行学，与同宗刘德然、辽西公孙瓒俱事故九江太守同郡卢植。德然父元起常资给先主，与德然等。元起妻曰："各自一家，何能常尔邪！"起曰："吾宗中有此儿，非常人也。"而瓒深与先主相友。瓒年长，先主以兄事之。先主不甚乐读书，喜狗马、音乐、美衣服。身长七尺五寸。垂手下膝，顾自见其耳。少语言，善下人，喜怒不形于色。好交结豪侠，年少争附之。中山大商张世平、苏双等赀累千金，贩马周旋于涿郡，见而异之，乃多与之金财。先主由是得用合徒众。

【译文】

先主少年时父亲去世，与母亲以卖草鞋织席为业。他家东南角篱笆上生了株桑树，高五丈余，远远望去，枝叶覆地有如小车盖，往来人都为这株树的非凡而感到奇怪，有的就说树下要出贵人。先主小时候，与本族的小孩们在树下游戏，说："我必定会乘坐这个羽葆盖车。"叔父子敬告诉他："你别乱说，乱说是要灭我们满门的！"到十五岁，母亲叫他外出求学，与本族刘德然和辽西公孙瓒都拜原九江太守、同郡人卢植为师。德然父元起常资助先主，与德然同等对待。元起的妻子说："各是一家，怎么能经常如此呢！"元起说："我们宗族中的这个孩子，是个非凡的人物。"公孙瓒与先主是交情很深的好友，瓒年长，先主把他当成兄长。先主不大爱读书，而喜欢玩狗马、音乐，爱穿漂亮衣服。身长七尺五寸，垂手过膝，眼睛向后看能看见自己的耳朵。少言语，善于谦虚待人，喜怒不形于色。爱交结豪侠，年轻人都争着归附他。中山国大商人张世平、苏双等有成千斤黄金的资产，因卖马来往于涿郡，见了先主就非常看重，便给了他不少金钱财物。先主因此得以纠合人众。

刘　备

【原文】

怒鞭督邮

灵帝末，黄巾起，州郡各举义兵，先主率其属从校尉邹靖讨黄巾贼有功，除安喜尉。督邮以公事到县，先主求谒，不通，直入缚督邮，杖二百，解绶系其颈着马枊，弃官亡命。顷之，大将军何进遣都尉毋丘毅诣丹杨募兵，先主与俱行，至下邳遇贼，力战有功，除为下密丞。复去官。后为高唐尉，迁为令。为贼所破，往奔中郎将公孙瓒，瓒表为别部司马，使与青州刺史田楷以拒冀州牧袁绍。数有战功，试守平原令，后领平原相。郡民刘平素轻先主，耻为之下，使客刺之。客不忍刺，语之而去。其得人心如此。

【译文】

汉灵帝末年，黄巾起事，各州郡都自行发起义兵。先主率领他的部属跟随校尉邹靖讨伐黄巾军有功，被任为安喜县尉。郡督邮因公事到县，先主求见，手下人竟不给通报，先主径直进去绑了督邮，打二百杖，解下县尉印带系在他颈上，然后把他绑在拴马桩上，弃官逃亡。不久，大将军何进派遣都尉毌丘毅到丹杨郡募兵，先主同他一起去，到下邳碰上黄巾，力战有功，被任命为下密县丞。再次弃官。后来做高唐尉，又升任该县县令。县城被黄巾攻破，前去投奔中郎将公孙瓒，公孙瓒上表任为别部司马，派他与青州刺史田楷去抵御冀州牧袁绍。多次有战功，试用为平原县令，后兼任平原相。平原郡民刘平素来看不起先主，以属他所管为耻，便派刺客去暗杀他。刺客却不忍心刺杀，告诉了他就走了。他就是这样深得人心。

【原文】

袁绍攻公孙瓒，先主与田楷东屯齐。曹公征徐州，徐州牧陶谦遣使告急于田楷，楷与先主俱救之。时先主自有兵千余人及幽州乌丸杂胡骑，又略得饥民数千人。

既到，谦以丹杨兵四千益先主，先主遂去楷归谦。谦表先主为豫州刺史，屯小沛。谦病笃，谓别驾麋竺曰："非刘备不能安此州也。"谦死，竺率州人迎先主，先主未敢当。下邳陈登谓先主曰："今汉室陵迟，海内倾覆，立功立事，在于今日。彼州殷富，户口百万，欲屈使君抚临州事。"先主曰："袁公路近在寿春，此君四世五公，海内所归，君可以州与之。"登曰："公路骄豪，非治乱之主。今欲为使君合步骑十万，上可以匡主济民，成五霸之业，下可以割地守境，书功于竹帛。若使君不见听许，登亦未敢听使君也。"北海相孔融谓先主曰："袁公路岂忧国忘家者邪！冢中枯骨，何足介意。今日之事，百姓与能，天与不取，悔不可追。"先主遂领徐州。袁术来攻先主，先主拒之于盱眙、淮阴。曹公表先主为镇东将军，封宜城亭侯，是岁建安元年也。

【译文】

袁绍进攻公孙瓒，先主与田楷往东驻军于齐。曹公征徐州，徐州牧陶谦遣使告急于田楷，田楷与先主都去援救他。当时先主自己有兵千余人，加上幽州来的乌丸杂胡骑兵，又掳掠到饥民几千人。到徐州后，陶谦以丹杨兵四千补充先主军，先主因此离开田楷归陶谦。陶谦上表任先主为豫州刺史，屯军小沛。陶谦病危，对徐州别驾麋竺说："除了刘备，没人能安定这个州。"陶谦死后，麋竺率领州人迎接先主，先主不敢当。下邳陈登对先主说："目今汉朝衰微，天下动乱，建功立业，就在今日。鄙州财物丰富，户口百万，想要委屈使君治理州事。"先主说："袁术近在寿春，他家四代人出了五个王公，天下归附，您可以把徐州交给他。"陈登说："袁术骄横，不是治理乱世的帅才。我现在想要为使君集合十万兵马，上可以辅佐主上，救济百姓，完成春秋五霸的事业；下可以割地守境，功勋书于史册，假使您不应允，我也不敢听您的。"北海相孔融对先主说："袁术哪是忧国忘家的人呢！四世五公早已成了坟墓中的枯骨，哪里值得放在心上。今天的现实是，谁有才能百姓

陶　谦

就拥戴谁。上天给你你不要，后悔莫及。”于是先主兼任徐州刺史。袁术来攻先主，先主在盱眙、淮阴一带进行抵御。曹公上表任命先主为镇东将军，封宜城亭侯。这是建安元年（196）的事。

【原文】

先主与术相持经月，吕布乘虚袭下邳。下邳守将曹豹反，间迎布。布虏先主妻子，先主转军海西。杨奉、韩暹寇徐、扬间，先主邀击，尽斩之。先主求和于吕布，布还其妻子。先主遣关羽守下邳。

【译文】

先主与袁术相持了一个多月，吕布乘虚袭击下邳。下邳守将曹豹反叛，乘机迎接吕布。吕布掳获先主的妻儿，先主移军海西县。杨奉、韩暹侵掠徐州、扬州之间，先主拦击，杀了二人。先主向吕布求和，吕布归还了他的妻儿。先主派关羽守下邳。

【原文】

先主还小沛，复合兵得万余人。吕布恶之，自出兵攻先主，先主败走归曹公。曹公厚遇之，以为豫州牧。将至沛收散卒，给其军粮，益与兵使东击布。布遣高顺攻之，曹公遣夏侯惇往，不能救，为顺所败，复虏先主妻子送布。曹公自出东征，助先主围布于下邳，生禽布。先主复得妻子，从曹公还许。表先主为左将军，礼之愈重，出则同舆，坐则同席。袁术欲经徐州北就袁绍，曹公遣先主督朱灵、路招要击术。未至，术病死。

【译文】

先主回到小沛，又集合兵卒，得万余人。吕布忌恨，亲自出兵攻先主，先主败走归附曹公。曹公厚待他，让他做豫州牧。他将要到沛收集散兵，曹公给他军粮，并增拨士兵，使他东击吕布。吕布派高顺来攻，曹公派夏侯惇前往援救，没能救成，被高顺打败，高顺又俘虏先主的妻儿送给吕布。曹公亲自出马东征，帮助先主围困吕布于下邳，活捉吕布。先主重新得到妻儿，随曹公回许。曹公上表任命先主为左将军，更加隆重地以礼对待他，出则同车，坐则同席。这时，袁术想要经过徐州北上到袁绍那里去，曹公派先主督率朱灵、路招截击袁术，但还没到，袁术就病死了。

【原文】

先主未出时，献帝舅车骑将军董承辞受帝衣带中密诏，当诛曹公。先主未发。是时曹公从容谓先主曰："今天下英雄，唯使君与操耳。本初之徒，不足数也。"先主方食，失匕箸。遂与承及长水校尉种辑、将军吴子兰、王子服等同谋。会见使，未发。事觉，承等皆伏诛。

【译文】

先主还没有出征的时候，汉献帝舅父车骑将军董承接受献帝藏在衣带中的密诏，要杀曹公，同先主商议，先主还没有拿定主意。这时曹公从容地对先主说："当今天下的英雄，只有您和我罢了，袁绍之流算不得英雄。"先主正在吃饭，大吃一惊，汤匙筷子都掉在了地上。于是与董承及长水校尉种辑、将军吴子兰、王子服等同谋。正好被派去打袁术，还没有行动，事情被发觉，董承等都被处死。

【原文】

先主据下邳。灵等还，先主乃杀徐州刺史车胄，留关羽守下邳，而身还小沛。东海昌霸反，郡县多叛曹公为先主，众数万人，遣孙乾与袁绍连和，曹公遣刘岱、王忠击之，不克。五年，曹公东征先主，先主败绩。曹公尽收其众，虏先主妻子，并禽关羽以归。

先主走青州。青州刺史袁谭，先主故茂才也，将步骑迎先主。先主随谭到平原，谭驰使白绍。绍遣将道路奉迎，身去邺二百里，与先主相见。驻月余日，所失亡士卒稍稍来集。曹公与袁绍相拒于官渡，汝南黄巾刘辟等叛曹公应绍。绍遣先主将兵与辟等略许下。关羽亡归先主。曹公遣曹仁将兵击先主，先主还绍军，阴欲离绍，乃说绍南连荆州牧刘表。绍遣先主将本兵复至汝南，与贼龚都等合，众数千人。曹公遣蔡阳击之，为先主所杀。

【译文】

董　承

先主占据下邳。朱灵等退还，先主就杀了徐州刺史车胄，留关羽守下邳，而自己回小沛屯驻。当时，东海郡的昌霸背叛曹操，不少郡县都背叛曹公而倒向先主，先主的兵达到几万人，派孙乾与袁绍连和。曹公派刘岱、王忠去进攻先主，没能打胜。建安五年（200），曹公亲自东征先主，先主溃败。曹公接收了他的全部人马，俘虏了他的妻儿，并捉了关羽而回。

先主跑到青州，青州刺史袁谭是先主当豫州刺史时所举荐的茂才，带领步骑兵来迎接先主。先主随袁谭到平原，袁谭派人骑快马报告袁绍，袁绍派遣部将在路上迎接，并亲自走出邺城二百里与先主相见。住了一个多月，所失散的士卒逐渐来集中。曹公与袁绍在官渡相持，汝南黄巾刘辟等反叛曹公响应袁绍。袁绍派先主带兵与刘辟等攻扰许县附近。关羽逃回先主那里。曹公派曹仁领兵打先主。先主把军队归还袁绍，暗中想离开袁绍，因此劝说袁绍南连荆州牧刘表。袁绍派先主带领本部的兵马再到汝南，与贼龚都等会合，有几千人马。曹公派蔡阳去攻打，被先主杀死。

【原文】

曹公既破绍，自南击先主。先主遣麋竺、孙乾与刘表相闻，表自郊迎，以上宾礼待之，益其兵，使屯新野。荆州豪杰归先主者日益多，表疑其心，阴御之。使拒夏侯惇、于禁等于博望。久之，先主设伏兵，一旦自烧屯伪遁，惇等追之，为伏兵所破。

十二年，曹公北征乌丸，先主说表袭许，表不能用。曹公南征表，会表卒，子琮代立，遣使请降。先主屯樊，不知曹公卒至，至宛乃闻之，遂将其众去。过襄阳，诸葛亮说先主攻琮，荆州可有。先主曰："吾不忍也。"乃驻马呼琮，琮惧不能起。琮左右及荆州人多归先主。比到当阳，众十余万，辎重数千两，日行十余里，别遣关羽乘船数百艘，使会江陵。或谓先主曰："宜速行保江陵，今虽拥大众，被甲者少，若曹公兵至，何以拒之？”先主曰：“夫济大事必以人为本，今人归吾，吾何忍弃去！”

曹公以江陵有军实，恐先主据之，乃释辎重，轻军到襄阳。闻先主已过，曹公将精骑五千急追之，一日一夜行三百余里，及于当阳之长坂。先主弃妻子，与诸葛亮、张飞、赵云等数十骑走，曹公大获其人众辎重。先主斜趋汉津，适与羽船会，得济沔，遇表长子江夏太守琦众万余人，与俱到夏口。先主遣诸葛亮自结于孙权，权遣周瑜、程普等水军数万，与先主并力，与曹公战于赤壁，大破之，焚其舟船。先主与吴军水陆并进，追到南郡，时又疾疫，北军多死，曹公引归。

【译文】

曹公既破袁绍，便亲自南击先主。先主派麋竺、孙乾前往荆州告知刘表想去投奔他，刘表亲自出城迎接，以上宾之礼对待他，给他增加士兵，使他屯驻新野。荆州豪杰归附先主的一天比一天多，刘表怀疑他有二心，暗中防备他。后来叫他到博望抵御夏侯惇、于禁。过了一些时候，先主布置伏兵，忽然自己烧了军营假装逃跑，夏侯惇等率军追赶，被伏兵打败。

建安十二年（207），曹公北征乌丸，先主劝说刘表袭击许县，刘表不听。次年曹公南征刘表，适逢刘表病死，他的儿子刘琮继任荆州牧，派遣使者请求投降。当时先主驻扎在樊城，不知道曹公突然来到，到了宛县才听说，就带了他的人马离去。过襄阳时，诸葛亮劝先主攻刘琮，就可以占有荆州。先主说：“我不忍心。”于是停下马呼刘琮，刘琮害怕得站不起来。刘琮左右的人和荆州人很多归附先主。待到当阳县，有十几万人，运物资的车几千辆，每天只能走十几里。另外派关羽乘船数百艘，叫他到江陵会合。有人对先主说：“应该赶快走，以便守住江陵。现在虽然拥有大批人众，而甲士很少，如果曹公兵来了，怎么抵敌？”先主说：“要成就大事必须以人为本，现在人们归附我，我怎么忍心抛弃他们而走呢！”

刘表

曹公因为江陵有军用物资，恐怕被先主占据，因此丢下辎重，轻军到襄阳。听说先主已经过去，曹公率领精锐骑兵五千急速追赶，一日一夜跑了三百多里，到当阳的长坂终于赶上。先主抛弃妻儿，与诸葛亮、张飞、赵云等几十骑逃跑，曹公缴获了他的大批人众物资。先主斜穿到汉津，正好与关羽的船相会，得以渡过汉水；又遇上刘表长子江夏太守刘琦的部队万余人，一起到了夏口。先主派诸葛亮同孙权结好，孙权派周瑜、程普等率领水军数万人，与先主并力，同曹公战于赤壁，大破曹公军，焚毁了他的舟船。先主与吴军水陆并进，追到南郡。当时又遇上瘟疫，北军死亡很多，曹公就退回北方了。

【原文】

先主表琦为荆州刺史，又南征四郡。武陵太守金旋、长沙太守韩玄、桂阳太守赵范、零陵太守刘度皆降。庐江雷绪率部曲数万口稽颡。琦病死，群下推先主为荆州牧，治公安。权稍畏之，进妹固好。先主至京见权，绸缪恩纪。权遣使云欲共取蜀，或以为宜报听许，吴终不能越荆有蜀，蜀地可为己有。荆州主簿殷观进曰："若为吴先驱，进未能克蜀，退为吴所乘，即事去矣。今但可然赞其伐蜀，而自说新据诸郡，未可兴动，吴必不敢越我而独取蜀。如此进退之计，可以收吴、蜀之利。"先主从之，权果辍计。迁观为别驾从事。

【译文】

先主上表任刘琦为荆州刺史，又南征四郡。武陵太守金旋、长沙太守韩玄、桂阳太守赵范、零陵太守刘度全部投降，庐江雷绪也率领部曲数万口归顺。刘琦病死，部下推举先主做荆州牧，州署设在公安。孙权逐渐感到畏惧，遂将他的妹妹嫁给先主以巩固友好的关系。先主到京口会见孙权，表示亲密友爱。后来孙权遣使说想要共同夺取巴蜀。有人认为应当答复表示同意，因为孙吴总不能越过荆州占有巴蜀，而蜀地可以为我所有。荆州主簿殷观献计说："如果我们替吴人打先锋，前进不能攻下蜀，后退又被吴乘机袭击，那么大事就完了。目前只能表示赞成他去伐蜀，但又说我们自己刚刚占据几个郡，还不能兴兵，吴必定不敢越过我们而单独取蜀。按照这个可进可退的计策，可以取得吴、蜀两方面的好处。"先主听从了他的建议，孙权果然取消了原来的打算，先主提升殷观做别驾从事。

【原文】

十六年，益州牧刘璋遥闻曹公将遣钟繇等向汉中讨张鲁，内怀恐惧。别驾从事蜀郡张松说璋曰："曹公兵强无敌于天下，若因张鲁之资以取蜀土，谁能御之者乎？"璋曰："吾固忧之而未有计。"松曰："刘豫州，使君之宗室而曹公之深仇也，善用兵，若使之讨鲁，鲁必破。鲁破，则益州强，曹公虽来，无能为也。"璋然之，遣法正将四千人迎先主，前后赂遗以巨亿计。正因陈益州可取之策。先主留诸葛亮、关羽等据荆州，将步卒数万人入益州。至涪，璋自出迎，相见甚欢。张松令法正白先主，及谋臣庞统进说，便可于会所袭璋。先主曰："此大事也，不可仓卒。"璋推先主行大司马，领司隶校尉；先主亦推璋行镇西大将军，领益州牧。璋增先主兵，使击张鲁，又令督白水军。先主并军三万余人，车甲器械资货甚盛。是岁，璋还成都。先主北到葭萌，未即讨鲁，厚树恩德，以收众心。

【译文】

建安十六年（211），益州牧刘璋听说曹公将要派钟繇等到汉中讨伐张鲁，心中恐惧。别驾从事蜀郡人张松对刘璋说："曹公兵力强盛，无敌于天下，如若利用张鲁的人力物力以夺取蜀地，谁能抵挡？"刘璋说："我本来就担忧这一点，但还没有拿定主意。"张松说："刘豫州是您的同宗，又是曹公有深仇的敌人，善于用兵。如果让他去讨伐张鲁，张鲁必定被打垮；打垮了张鲁，则益州强大，曹公即使来，也无能为力了。"刘璋很赞成，便派法正率四千人到荆州迎接先主，前后赠送的财物数以亿计。法正乘机向先主陈述益州可以夺取的计策。先主留下诸葛亮、关羽等据守荆州，率步兵几万人入益州。到了涪县，刘璋亲自出迎，二人相见很高兴。张松叫法正告诉先主，同时谋臣庞统也献计，都劝先主乘机在宴会上袭击刘璋。先主说："这是大事，不可匆忙。"刘璋推举先主代理大司马，兼司隶校尉；先主也推举刘璋代理镇西大将军，兼益州牧。刘璋增加先主的兵

法　正

力，使他打张鲁，又叫他督率白水的驻军。先主共有军队三万余人，车辆、铠甲、器械等各种物资钱财很充足。这一年，刘璋回成都。先主北到葭萌，并没有立即讨伐张鲁，而是大施恩德，以争取人心。

【原文】

明年，曹公征孙权，权呼先主自救。先主遣使告璋曰："曹公征吴，吴忧危急。孙氏与孤本为唇齿，又乐进在青泥与关羽相拒，今不往救羽，进必大克，转侵州界，其忧有甚于鲁。鲁自守之贼，不足虑也。"乃从璋求万兵及资实，欲以东行。璋但许兵四千，其余皆给半。张松书与先主及法正曰："今大事垂可立，如何释此去乎！"松兄广汉太守肃，惧祸逮己，白璋发其谋。于是璋收斩松，嫌隙始构矣。璋敕关戍诸将文书勿复关通先主。先主大怒，召璋白水军督杨怀，责以无礼，斩之。乃使黄忠、卓膺勒兵向璋。先主径至关中，质诸将并士卒妻子，引兵与忠、膺等进到涪，据其城。璋遣刘璝、冷苞、张任、邓贤等拒先主于涪，皆破败，退保绵竹。璋复遣李严督绵竹诸军，严率众降先主。先主军益强，分遣诸将平下属县，诸葛亮、张飞、赵云等将兵溯流定白帝、江州、江阳，惟关羽留镇荆州。先主进军围雒；时璋子循守城，被攻且一年。

张　松

【译文】

第二年，曹公征讨孙权，孙权呼吁先主援救自己。先主遣使告诉刘璋说："曹公征吴，吴主忧虑，情况危急。孙氏和我本是唇齿相依，况且乐进在青泥与关羽相抗拒，现在不前往救关羽，乐进必定大胜，转而侵扰益州地界，这个后患超过张鲁。张鲁是个割地自守的敌人，不值得忧虑。"于是向刘璋要求给予兵一万和军用物资，准备东行。刘璋只答应给兵四千，其余都给一半。张松写信给先主和法正说："现在大事很快可以成功，怎么舍此而去呢！"张松的哥哥广汉太守张肃害怕祸事连累自己，报告刘璋揭发了张松的密谋。于是刘璋逮捕并处死张松，仇怨开始结成了。刘璋命令各关守将，来往文书不再通报先主。先主大怒，把刘璋的白水军督杨怀叫来，指责他无礼，将他杀掉。进而使黄忠、卓膺统兵攻刘璋。先主径自到白水关中，拘禁诸将和士兵们的妻子儿女做为人质，然后领兵与黄忠、卓膺等进兵到涪县，占领了县城。刘璋派刘璝、冷苞、张任、邓贤等到涪县抵御先主，都被打败，退保绵竹。刘璋又派李严督绵竹诸军，李严率部投降先主。先主军更强，分别派遣诸将攻下属县，又叫诸葛亮、张飞、赵云等率兵从荆州溯江而上，平定白帝、江州、江阳，只有关羽留镇荆州。先主进军包围雒县，当时刘璋的儿子刘循守城，被攻将近一年。

【原文】

十九年夏，雒城破，进围成都数十日，璋出降。蜀中殷盛丰乐，先主置酒大飨士卒，取蜀城中金银分赐将士，还其谷帛。先主复领益州牧，诸葛亮为股肱，法正为谋主，关羽、张飞、马超为爪牙，许靖、麋竺、简雍为宾友。及董和、黄权、李严等本璋之所授用也，吴壹、费观等又璋之婚亲也，彭羕又璋之所排摈也，刘巴者宿昔之所忌恨也，皆处之显任，尽其器能。有志之士，无不竞劝。

【译文】

建安十九年（214）夏天，雒城被攻破，进围成都几十天，刘璋出城投降。蜀中人口繁多，财物丰盛，生活快乐。先主摆设酒宴，大大犒劳士卒；取蜀地各城中的金银分赐将士，而把粮谷绢帛还给蜀人。先主又兼任益州牧，以诸葛亮为助手，法正为主要谋士，关羽、张飞、马超为战将，许靖、麋竺、简雍为宾客朋友。其他如董和、黄权、李严等本是刘璋使用的人，吴壹、费观等是刘璋的姻亲，彭羕是刘璋所排斥的人，刘巴则是过去所忌恨的人，先主都把他们安置在显耀的职位上，充分发挥他们的才能。这样一来，有志之士无不争相劝勉。

诸葛亮传

【提要】

诸葛亮(181—234)，三国蜀汉政治家、军事家、散文家。字孔明。琅邪阳都(今山东沂南南)人。早年隐居南阳隆中，胸怀大志，精于兵法，能谋善断，曾自比于管仲、乐毅，被称为“卧龙”。刘备起兵之初，三顾茅庐，请其出山。后为军师，辅佐刘备，联吴抗曹，建立蜀汉政权。刘备称帝，拜为丞相。刘禅继位，封为武乡侯，领益州牧。曾六出祁山，兴兵伐魏，病死于军中。谥忠武侯。所作《出师表》为传世名篇。

【原文】

诸葛亮字孔明，琅邪阳都人也。汉司隶校尉诸葛丰后也。父珪，字君贡，汉末为太山郡丞。亮早孤，从父玄为袁术所署豫章太守，玄将亮及亮弟均之官。会汉朝更选朱皓代玄。玄素与荆州牧刘表有旧，往依之。玄卒，亮躬耕陇亩，好为《梁父吟》。身长八尺，每自比于管仲、乐毅，时人莫之许也。惟博陵崔州平、颍川徐庶元直与亮友善，谓为信然。

诸葛亮

【译文】

诸葛亮字孔明，琅邪郡阳都县人，是汉朝司隶校尉诸葛丰的后代。父珪，字君贡，汉末任泰山郡丞。诸葛亮很早就死了父亲，叔父诸葛玄是袁术所任命的豫章太守，诸葛玄带着诸葛亮和他的弟弟诸葛均上任。适逢汉朝另派朱皓代替诸葛玄，诸葛玄平素与荆州牧刘表有交情，便前去投靠他。诸葛玄死后，诸葛亮在乡间亲身耕种田地，喜欢吟唱《梁父吟》。身高八尺，经常把自己同管仲、乐毅相比，当时人都不赞同，只有博陵崔州平、颍川徐庶与诸葛亮是好朋友，认为确实如此。

【原文】

时先主屯新野。徐庶见先主，先主器之，谓先主曰："诸葛孔明者，卧龙也，将军岂愿见之乎？"先主曰："君与俱来。"庶曰："此人可就见，不可屈致也。将军宜枉驾顾之。"由是先主遂诣亮，凡三往，乃见。因屏人曰："汉室倾颓，奸臣窃命，主上蒙尘。孤不度德量力，欲信大义于天下，而智术浅短，遂用猖獗，至于今日。然志犹未已，君谓计将安出？"亮答曰："自董卓已来，豪杰并起，跨州连郡者不可胜数。曹操比于袁绍，则名微而众寡，然操遂能克绍，以弱为强者，非惟天时，抑亦人谋也。今操已拥百万之众，挟天子而令诸侯，此诚不可与争锋。孙权据有江东，已历三世，国险而民附，贤能为之用，此可以为援而不可图也。荆州北据汉、沔，利尽南海，东连吴会，西通巴、蜀，此用武之国，而其主不能守，此殆天所以资将军，将军岂有意乎？益州险塞，沃野千里，天府之土，高祖因之以成帝业。刘璋暗弱，张鲁在北，民殷国富而不知存恤，智能之士思得明君。将军既帝室之胄，信义著于四海，总揽英雄，思贤若渴，若跨有荆、益，保其岩阻，西和诸戎，南抚夷越，外结好孙权，内修政理；天下有变，则命一上将将荆州之军以向宛、洛，将军身率益州之众出于秦川，百姓孰敢不箪食壶浆以迎将军者乎？诚如是，则霸业可成，汉室可兴矣。"先主曰："善！"于是与亮情好日密。关羽、张飞等不悦，先主解之曰："孤之有孔明，犹鱼之有水也。愿诸君勿复言。"羽、飞乃止。

【译文】

当时先主屯兵新野。徐庶会见先主，先主很器重他，他对先主说："诸葛孔明这人，是一条卧龙，将军愿意见他吗？"先主说："您同他一起来吧。"徐庶说："此人只能登门求见，不可委屈招来。将军应该屈驾去拜访他。"于是先主到诸葛亮家去拜访，共去了三次，方才见到。他把左右的人叫开，对诸葛亮说："汉朝摇摇欲坠，奸臣窃取皇权，主上流离失所。我不自量力，想要伸张大义

决策隆中

于天下，而才智低下，因此屡遭挫折，直至今日。但我的志向并没有放弃，您说我该怎么办？”诸葛亮回答说：“从董卓以来，豪杰并起，占据数州、兼有诸郡的人不可胜数。曹操比起袁绍来，名声低微，人马也少，但他竟能打败袁绍，转弱为强，这不仅因为天时有利，也是由于谋略高强。现今曹操已拥有百万军队，挟持天子以号令诸侯，您的确不可同他相对抗。孙权据有江东，已经历三代，地势险要，人民拥护。还有不少有德有才的人为他效力，对于这一方，您也只能结为同盟，互相援助，而不可图谋夺取。荆州北边凭据汉水、沔水，南面拥有直达南海这一广大地区的丰盛财富，东边与吴郡、会稽郡相连，西面与巴、蜀相通。这是一块用兵之地，而它的主人守不住，这大概是上天用来资助将军的，将军是否有意？益州险要闭塞，沃野千里，是天府之国，高祖凭借它而完成了帝业。但刘璋昏庸懦弱，北边又有张鲁的威胁，人口众多、国家富庶而不知道爱抚，因此当地有才智的人士想要得到英明的领袖。将军既是皇室的后裔，信义著称于天下，收揽英雄，思贤如渴。如果占有荆、益二州，凭险阻以据守，西边结和诸戎，南边安抚夷越，对外交好孙权，对内修明政治；一旦天下形势有变化，派一名大将率领荆州的军队向宛县、洛阳进军，同时您亲自率领益州的部队打到关中，百姓谁敢不用竹篮盛着食物、用壶装着酒浆来欢迎您呢？要真像这样，霸业就可以完成，汉朝就可以复兴了。”先主说：“好！”于是与诸葛亮的友情日益亲密。关羽、张飞等不高兴，先主解释说：“我得到孔明，就像鱼得到水一样。希望你们不要再说了。”关羽、张飞这才作罢。

【原文】

刘表长子琦亦深器亮。表受后妻之言，爱少子琮，不悦于琦。琦每欲与亮谋自安之术，亮辄拒塞，未与处画。琦乃将亮游观后园，共上高楼，饮宴之间，令人去梯，因谓亮曰：“今日上不至天，下不至地，言出子口，入于吾耳，可以言未？”亮答曰：“君不见申生在内而危，重耳在外而安乎？”琦意感悟，阴规出计。会黄祖死，得出，遂为江夏太守。俄而表卒，琮闻曹公来征，遣使请降。先主在樊闻之，率其众南行，亮与徐庶并从，为曹公所追破，获庶母。庶辞先主而指其心曰：“本欲与将军共图王霸之业者，以此方寸之地也。今已失老母，方寸乱矣，无益于事，请从此别。”遂诣曹公。

【译文】

刘表的长子刘琦也很器重诸葛亮。刘表听信后妻的话，爱次子刘琮，不喜欢刘琦。刘琦常想同诸葛亮商量保护自己安全的办法，诸葛亮总是推托，没有替他策划。刘琦就带诸葛亮游赏后园，登上高楼。宴饮之间，叫人撤去梯子，然后对诸葛亮说：“现在上不沾天，下不着地，话出自您的嘴巴，就进入我的耳朵，这下可以说了吧？”诸葛亮回答说：“您不见申生在内而危险，重耳在外而安全吗？”刘琦恍然大悟，遂暗里策划出去的办法。适逢江夏太守黄祖死，于是得以外出继任江夏太守。不久刘表死，刘琮听说曹公来征讨，派遣使者请求投降。先主在樊城听说后，率领部属南行，诸葛亮与徐庶都随从，被曹公追上打败，捉住了徐庶的母亲。徐庶辞别先主，指着自己的心说：“本来想与将军一起图谋建立王霸之业的，就是这方寸之地。现在失去老母，方寸已乱，我对您的大事已没有什么益处，请让我从此分别。”就到曹公那里去了。

【原文】

先主至于夏口，亮曰：“事急矣，请奉命求救于孙将军。”时权拥军在柴桑，观望成败，亮说权曰：“海内大乱，将军起兵据有江东，刘豫州亦收众汉南，与曹操并争天下。今操芟夷大难，略已平矣，遂破荆州，威震四海。英雄无所用武，故豫州遁逃至此。将军量力而处之：若能以吴、越之众与中国抗衡，不如早与之绝；若不能当，何不案兵束甲，北面而事之？今将军外托服从之名，而内怀犹豫之计，事急而不断，祸至无日矣！”权曰：“苟如君言，刘豫州何不遂事之乎？”亮曰：“田横，齐之壮士耳，犹守义不辱，况刘豫州王室之胄，英才盖世，众士慕仰，若水之归海，若事之不济，此乃天也，安能复为之下乎！”权勃然曰：“吾不能举全吴之地，十万之众，受制于人。吾计决矣！非刘豫州莫可以当曹操者，然豫州新败之后，安能抗此难乎？”亮曰：“豫州军虽败于长阪，今战士还者及关羽水军精甲万人，刘琦合江夏战士亦不下万人。曹操之众，远来疲弊，闻追豫州，轻骑一日一夜行三百余里，此所谓‘强弩之末，势不能穿鲁缟’者也。故兵法忌之，曰‘必蹶上将军’。且北方之人，不习水战；又荆州之民附操者，逼兵势耳，非心服也。今将军诚能命猛将统兵数万，与豫州协规同力，破操军必矣。操军破，必北还，如此则荆、吴之势强，鼎足之形成矣。成败之机，在于今日。”权大悦，即遣周瑜、程普、鲁肃等水军三万，随亮诣先主，并力拒曹公。曹公败于赤壁，引军归邺。先主遂收江南，以亮为军师中郎将，使督零陵、桂阳、长沙三郡，调其赋税，以充军实。

【译文】

先主到了夏口，诸葛亮说：“情况很危急了，请派我去求救于孙将军。”当时孙权统率军队驻在柴桑，观望成败。诸葛亮对孙权说：“天下大乱，将军起兵占有江东，刘豫州也聚众于荆州，与曹操共争天下。现今曹操削除大敌，大致已经平定了，进而攻破荆州，威震四海。英雄无用武之地，所以刘豫州逃到这里。请您衡量自己的力量然后做出处置：如果您能以吴、越的军队与曹操抗衡，不如早同他断绝关系；如果敌不过他，何不放下武器，卷起铠甲，北面臣服于他？现在您表面假称服从于他，其实内心犹豫不决，事急而不断，大祸就要临头了！”孙权说：“要是像您说的，刘豫州为什么不投降他呢？”诸葛亮说：“田横，不过是齐国的一个壮士罢了，尚且坚守节操，不甘屈辱，何况刘豫州是王室的后裔，英才盖世，众士仰慕，有如水流归海。如果事情不能成功，这是天意，怎么能屈服于曹操呢！”孙权激动地说：“我不能把整个吴越之地，十万之众，去受人控制。我的主意已经打定了！除了刘豫州再没有可以抵挡曹操的人了，但他最近刚刚失

联吴抗曹

败，怎么能抵抗这个强敌？”诸葛亮说：“刘豫州的军队虽然在长阪失败，现在回来的战士和关羽的水军共有精锐的甲士万人，刘琦集合江夏战士也不下万人。曹操的人马，远来疲弊，听说为了追刘豫州，轻骑一天一夜跑三百多里，这就是所谓‘强弩之末，穿不透鲁国的白绢’。因此兵法是禁忌这样做的，说‘必然使前军将领被挫败’。而且北方的人，不熟习水战；荆州的百姓归附曹操，也只是迫于军威罢了，并非心服。现在您如果能命令猛将统兵数万，与刘豫州协调作战计划，双方齐心合力，打败曹操军是必然的。曹操兵败，必然退回北方，这样一来，荆州和吴的力量强大，鼎足而立的局势就形成了。成败的关键，在于今日。”孙权非常高兴，当即派周瑜、程普、鲁肃等率水军三万人，随诸葛亮去与先主会合，并力抵抗曹公。曹公败于赤壁，带领军队回邺。先主收取江南，任诸葛亮为军师中郎将，使他督率零陵、桂阳、长沙三郡军队，征调赋税，以补充军用。

【原文】

建安十六年，益州牧刘璋遣法正迎先主，使击张鲁。亮与关羽镇荆州。先主自葭萌还攻璋，亮与张飞、赵云等率众溯江，分定郡县，与先主共围成都。成都平，以亮为军师将军，署左将军府事。先主外出，亮常镇守成都，足食足兵。

【译文】

建安十六年（211），益州牧刘璋派法正迎接先主，使他去打张鲁。诸葛亮与关羽镇守荆州。先主从葭萌回攻刘璋，诸葛亮与张飞、赵云等率众溯江而上，分别攻下各郡县，与先主共围成都。成都平定后，先主任命诸葛亮为军师将军，署理左将军府事。先主外出，诸葛亮常常镇守成都，足食足兵。

【原文】

二十六年，群下劝先主称尊号，先主未许，亮说曰：“昔吴汉、耿弇等初劝世祖即帝位，世祖辞让，前后数四，耿纯进言曰：‘天下英雄喁喁，冀有所望。如不从议者，士大夫各归求主，无为从公也。’世祖感纯言深至，遂然诺之。今曹氏篡汉，天下无主，大王刘氏苗族，绍世而起，今即帝位，乃其宜也。士大夫随大王久勤苦者，亦欲望尺寸之功如纯言耳。”先主于是即帝位，策亮为丞相，曰：“朕遭家不造，奉承大统，兢兢业业，不敢康宁，思靖百姓，惧未能绥。於戏！丞相亮其悉朕意，无怠辅朕之阙，助宣重光，以照明天下，君其勖哉！”亮以丞相录尚书事，假节。张飞卒后，领司隶校尉。

【译文】

先主登极

建安二十六年（221），僚属们劝先主称皇帝，先主没有同意。诸葛亮说：“从前吴汉、耿弇等起初劝世祖即帝位，世祖推让，前后三四次。耿纯劝告说：‘天下英雄景仰归附于您，是怀着攀龙附凤的希望。如果您不听从大家的意见，士大夫们各自回去另找主人，就无须再追随您。’世祖被耿纯深切诚挚的话所感动，就答应了。现今曹氏篡汉，天下无主，主公是刘氏后裔，继世而起，现在即帝位，是应当的。士大夫跟随大王长期勤劳困苦，也是希望能有尺寸的功劳，像耿纯说的那样。”先主于是即帝位，册命诸葛亮为丞相，册文说：“朕遭遇国家不幸，继承大位，兢兢业业，不敢康宁，想要安定百姓，犹恐天下不安。啊！丞相亮，希望你明白朕的心意，不要懈怠，以匡正朕的过失，帮助朕使国家太平，让日月的光辉普照天下。您要努力啊！”亮以丞相总录尚书省事，假节。张飞死后，又兼司隶校尉。

【原文】

章武三年春，先主于永安病笃，召亮于成都，属以后事，谓亮曰：“君才十倍曹丕，必能安国，终定大事。若嗣子可辅，辅之；如其不才，君可自取。”亮涕泣曰：“臣敢竭股肱之力，效忠贞之节，继之以死！”先主又为诏敕后主曰：“汝与丞相从事，事之如父。”

建兴元年，封亮武乡侯，开府治事。顷之，又领益州牧。政事无巨细，咸决于亮。南中诸郡，并皆叛乱，亮以新遭大丧，故未便加兵，且遣使聘吴，因结和亲，遂为与国。三年春，亮率众南征，其秋悉平。军资所出，国以富饶，乃治戎讲武，以俟大举。

【译文】

章武三年（223）春，先主在永安病危，把诸葛亮从成都召往，将后事托付给他，对他说："你的才能十倍于曹丕，必能安定国家，最终完成大事。如果太子可辅，你就辅佐他；如果他不成才，你自己可以取而代之。"诸葛亮流泪说："臣愿竭尽全力辅佐少主，报效忠贞之节，最后献出我的生命！"先主又作诏书敕令后主说："你跟随丞相一起治理国事，对他要像对待父亲那样。"

建兴元年（223），后主封诸葛亮为武乡侯，开建丞相府，设置官属，以处理政事。不久，又兼益州牧。政事不论大小，都取决于诸葛亮。南中几郡同时起来叛乱，诸葛亮因为新遭国丧，所以还不便发兵征讨，而是先遣使访问吴国，并缔结和亲，于是蜀与吴成为盟国。建兴三年（225）春，诸葛亮率军南征，这年秋天平定了全部叛乱。大量军用物资都由南中供给，国家因而富饶。于是练兵讲武，准备大举北伐。

【原文】

五年，率诸军北驻汉中。临发，上疏曰：

"先帝创业未半而中道崩殂，今天下三分，益州疲弊，此诚危急存亡之秋也。然侍卫之臣不懈于内，忠志之士忘身于外者，盖追先帝之殊遇，欲报之于陛下也。诚宜开张圣听，以光先帝遗德，恢弘志士之气，不宜妄自菲薄，引喻失义，以塞忠谏之路也。宫中府中，俱为一体，陟罚臧否，不宜异同。若有作奸犯科及为忠善者，宜付有司论其刑赏，以昭陛下平明之理，不宜偏私，使内外异法也。侍中、侍郎敦攸之、费祎、董允等，此皆良实，志虑忠纯，是以先帝简拔以遗陛下。愚以为宫中之事，事无大小，悉以咨之，然后施行，必能裨补阙漏，有所广益。将军向宠，性行淑均，晓畅军事，试用于昔日，先帝称之曰能，是以众议举宠为督。愚以为营中之事，悉以咨之，必能使行陈和睦，优劣得所。亲贤臣，远小人，此先汉所以兴隆也；亲小人，远贤臣，此后汉所以倾颓也。先帝在时，每与臣论此事，未尝不叹息痛恨于桓、灵也。侍中、尚书、长史、参军，此悉贞良死节之臣，愿陛下亲之信之，则汉室之隆，可计日而待也。

“臣本布衣，躬耕于南阳，苟全性命于乱世，不求闻达于诸侯。先帝不以臣卑鄙，猥自枉屈，三顾臣于草庐之中，咨臣以当世之事，由是感激，遂许先帝以驱驰。后值倾覆，受任于败军之际，奉命于危难之间，尔来二十有一年矣。先帝知臣谨慎，故临崩寄臣以大事也。受命以来，夙夜忧叹，恐托付不效，以伤先帝之明，故五月渡泸，深入不毛。今南方已定，兵甲已足，当奖率三军，北定中原，庶竭驽钝，攘除奸凶，兴复汉室，还于旧都。此臣所以报先帝而忠陛下之职分也。

“至于斟酌损益，进尽忠言，则攸之、祎、允之任也。愿陛下托臣以讨贼兴复之效；不效，则治臣之罪，以告先帝之灵。若无兴德之言，则责攸之、祎、允等之慢，以彰其咎。陛下亦宜自谋，以咨诹善道，察纳雅言，深追先帝遗诏。臣不胜受恩感激，今当远离，临表涕零，不知所言。”

遂行，屯于沔阳。

【译文】

建兴五年（227），率诸军北驻汉中。出发之前上表说：

“先帝创业还没有完成一半，就中途去世了。现今天下分为三方，而益州国力困弊，这真是危急存亡的时刻啊。然而侍卫的臣僚在内勤劳不懈，忠心的将士在外舍身忘死，这是因为他们追念先帝的特殊恩遇，想在您的身上进行报答。您应该广泛听取臣下意见，以发扬光大先帝遗下的美德，激发志士的勇气，不应当妄自菲薄，援引不恰当的譬喻，以堵塞忠言进谏的道路。宫禁中的侍卫、各府署的臣僚都是一个整体，赏罚褒贬，不应有所不同。如有作恶犯法的人，或行为忠善的人，都应该交给主管官吏评定对他们的惩奖，以显示陛下处理国事的公正严明，不应该有所偏爱，使宫内宫外执法不同。侍中郭攸之、费祎、董允等人，都是善良诚实、心志忠贞纯洁的人，因此先帝选拔他们留给陛下。我认为宫中的事，无论大小，都去咨询他们，然后施行，必能弥补缺失，集思广益。将军向宠心性品德善良平和，又通晓军事，过去经过试用，先帝称赞他很有才能，因此众人商议推举他做中部督。我认为禁军营中的事都去咨问于他，必能使军队和睦，不同才能的人各得其所。亲近贤臣，疏远小人，这是前汉所以兴盛的原因；亲近小人，疏远贤臣，这是后汉所以衰败的原因。先帝在时，每次与臣谈论这事，未尝不叹息而痛恨桓帝、灵帝时期的腐败。侍中、尚书、长史、参军，这些人都是忠贞善良、守节不逾的大臣，希望陛下亲近他们，信任他们，那么汉朝的复兴，就会指日可待了。

北伐中原

“我本是一个平民，在南阳亲自耕田，只想在乱世里苟全性命，不求在诸侯间扬名显身。先帝不因为我卑微鄙陋，而委屈自己，三次到草庐之中拜访我，向我询问天下大事，由此使我感动奋发，而同意为先帝奔走效力。后来遭遇失败，我在军事失利之际接受任命，形势危急之时奉命出使，从这以来二十一年了。先帝知道我谨慎，所以临终把国家大事托付给我。接受遗命以来，日夜忧虑叹息，唯恐托付的事不能完成，有损于先帝的英明，因此五月渡泸南征，深入不毛之地。现在南方已经平定，兵甲已经充足，我应当勉励并统率三军，北定中原，以便竭尽我拙劣的能力，扫除奸邪，兴复汉室，返还旧都。这是我用以报答先帝、尽忠陛下的职责。

“至于处置日常政事，决定取舍损益，并毫无保留地贡献忠言，那是郭攸之、费祎、董允等人的责任。希望陛下把讨伐奸贼、兴复汉室的任务交给我去完成；若不能完成，就治我的罪，以告于先帝的英灵。如果不能进献增进圣德的忠言，那就责备郭攸之、费祎、董允等的怠慢，以表明他们的过失。陛下也应当谋求自强，征询臣下的好意见，考察并采纳正确的言论，深思先帝的遗诏。臣蒙受大恩，不胜感激，现在即将远离，一边写表，一边流泪，真不知该说些什么。”

于是北行，扎营于沔阳。

【原文】

六年春，扬声由斜谷道取郿。使赵云、邓芝为疑军，据箕谷，魏大将军曹真举众拒之。亮身率诸军攻祁山，

戎陈整齐，赏罚肃而号令明，南安、天水、安定三郡叛魏应亮，关中响震。魏明帝西镇长安，命张郃拒亮，亮使马谡督诸军在前，与郃战于街亭。谡违亮节度，举动失宜，大为郃所破。亮拔西县千余家，还于汉中，戮谡以谢众。上疏曰："臣以弱才，叨窃非据，亲秉旄钺以厉三军，不能训章明法，临事而惧，至有街亭违命之阙，箕谷不戒之失，咎皆在臣授任无方。臣明不知人，恤事多暗,《春秋》责帅，臣职是当。请自贬三等，以督厥咎。"于是以亮为右将军，行丞相事，所总统如前。

马　谡

【译文】

建兴六年（228）春，扬言由斜谷道攻取郿县。使赵云、邓芝做疑兵，占据箕谷，魏大将军曹真领兵抵御。诸葛亮亲率各军攻祁山，队伍整齐，赏罚严而号令明，南安、天水、安定三郡反叛魏国响应诸葛亮，关中震动。魏明帝亲自西镇长安，派张郃抵御诸葛亮。诸葛亮使马谡在前面统率各军，与张郃在街亭交战。马谡违背诸葛亮的部署，行动不当，被张郃打得一败涂地，失街亭。诸葛亮撤出西县的一千多家人，回到汉中，杀了马谡向将士谢罪。上疏说："我以低劣的才能，窃据丞相的高位，亲执白旄黄钺以激厉三军，却不能训示规章，申明法度，遇事不敢决断，以致有街亭违背指挥的错误，箕谷不做戒备的过失，过错都在于我用人不当。我缺乏知人之明，料事每多暗昧，根据《春秋》之义，兵败则责备主帅，因此我应负主要责任。请让我自贬三级，以惩罚我的过失。"于是降为右将军，代行丞相职务，依旧总统政事。

【原文】

冬，亮复出散关，围陈仓，曹真拒之，亮粮尽而还。魏将王双率骑追亮，亮与战，破之，斩双。

七年，亮遣陈式攻武都、阴平。魏雍州刺史郭淮率众欲击式，亮自出至建威，淮退还，遂平二郡。诏策亮曰："街亭之役，咎由马谡，而君引愆，深自贬抑，重违君意，听顺所守。前年耀师，馘斩王双；今岁爰征，郭淮遁走；降集氐、羌，兴复二郡，威镇凶暴，功勋显然。方今天下骚扰，元恶未枭，君受大任，干国之重，而久自挹损，非所以光扬洪烈矣。今复君丞相，君其勿辞。”

【译文】

这年冬天，诸葛亮又出兵散关，包围陈仓，遇曹真抵御，粮尽而还。魏将王双率领骑兵追击，诸葛亮同他交战，打败魏军，杀死王双。

建兴七年（229），诸葛亮派遣陈式进攻武都、阴平二郡。魏雍州刺史郭淮率军想打陈式，诸葛亮亲自出兵到建威，郭淮退回，从而平定了这两个郡。后主下诏书给诸葛亮说：“街亭之战，罪在马谡，而您承担过失，深自贬责，我不好违背您的心意，听从了您坚持的要求。您去年出师，斩杀王双；今岁出征，郭淮逃走；收降氐羌，恢复二郡，威镇暴敌，功勋显然。方今天下扰攘，首恶未除，您接受重任，主持国家大事，而长久谦退，这就不足以显扬大功了。现在恢复您的丞相职务，您不要推辞。”

【原文】

九年，亮复出祁山，以木牛运，粮尽退军，与魏将张郃交战，射杀郃。十二年春，亮悉大众由斜谷出，以流马运，据武功五丈原，与司马宣王对于渭南。亮每患粮不继，使己志不申，是以分兵屯田，为久驻之基。耕者杂于渭滨居民之间，而百姓安堵，军无私焉。相持百余日。其年八月，亮疾病，卒于军，时年五十四。及军退，宣王案行其营垒处所，曰：“天下奇才也！”

司马懿

【译文】

建兴九年（231），诸葛亮再出祁山，用木牛运输。粮尽退兵，与魏将张郃交战，射死张郃。建兴十二年（234）春天，诸葛亮统率全部大军，由斜谷开出，用流马运粮，占据武功县五丈原，与司马宣王在渭水之南对垒。诸葛亮经常担忧军粮供应不上，使自己的大志不能实现，因此分兵屯田，为长期驻兵打下基础。耕垦的蜀兵掺杂在渭水滨的居民之间，而百姓安居，军队从不扰民以利己。就这样相持了一百多天。这年八月，诸葛亮病重，死在军中，当时五十四岁。军退之后，宣王仔细观察他安营筑垒的处所，说："真是天下奇才！"

【原文】

亮遗命葬汉中定军山，因山为坟，冢足容棺，敛以时服，不须器物。诏策曰："惟君体资文武，明睿笃诚，受遗托孤，匡辅朕躬，继绝兴微，志存靖乱；爰整六师，无岁不征，神武赫然，威镇八荒，将建殊功于季汉，参伊、周之巨勋。如何不吊，事临垂克，遘疾陨丧！朕用伤悼，肝心若裂。夫崇德序功，纪行命谥，所以光昭将来，刊载不朽。令使使持节左中郎将杜琼，赠君丞相武乡侯印绶，谥君为忠武侯。魂而有灵，嘉兹宠荣。呜呼哀哉！呜呼哀哉！"

【译文】

根据诸葛亮的遗命，他被安葬在汉中定军山，利用山做坟，墓坑刚够容纳棺材，以平时所穿的衣服入殓，不须陪葬器物。后主下诏说："君禀受文武的资性，明智诚实，接受托孤的遗诏，辅佐朕身，志在平定祸乱，兴复衰亡的汉朝。因此统帅三军，无岁不征，武功赫赫，威镇八方，将在汉末建立足以媲美伊尹、周公的巨大功勋。为什么这样不幸，大事垂成，您却患病去世！我因此无比哀伤，肝心若裂。尊崇道德，叙录功勋，记述行迹，给予谥号，这是为了光照将来，记载不朽。现遣使持节、左中郎将杜琼赠给您丞相、武乡侯印绶，追谥您为忠武侯。您的在天之灵，定会赞美这恩宠光荣。呜呼哀哉！呜呼哀哉！"

【原文】

初，亮自表后主曰："成都有桑八百株，薄田十五顷，子弟衣食，自有余饶。至于臣在外任，无别调度，随身衣食，悉仰于官，不别治生，以长尺寸。若臣死之日，不使内有余帛，外有赢财，以负陛下。”及卒，如其所言。

亮性长于巧思，损益连弩，木牛流马，皆出其意；推演兵法，作八阵图，咸得其要云。亮言教书奏多可观，别为一集。

祁山伐魏

【译文】

起初，诸葛亮自己上表给后主说：“我在成都有桑树八百株、薄田十五顷，子弟的衣食，自有富余。至于我在外任官，没有别的用度，随身衣食，都仰赖公家，不另外经营产业，以增加丝毫财富。到了我死那一天，不使内有剩余的绢帛，外有赢余的钱财，以免辜负陛下。”他死了之后，的确正像他所说的那样。

诸葛亮擅长于巧妙构思，改进连弩，制作木牛流马，都出于他的想法；又推演兵法，做八阵图，都深得兵法的要领。诸葛亮的言论、教令、书札、奏章多可诵读，另外辑为一集。

【原文】

景耀六年春，诏为亮立庙于沔阳。秋，魏镇西将军钟会征蜀，至汉川，祭亮之庙，令军士不得于亮墓所左右刍牧樵采。

【译文】

景耀六年（263）春，后主下诏为诸葛亮立庙于沔阳。秋，魏镇西将军钟会征蜀，到汉中，祭祀诸葛亮的祠庙，还命令军士不得于诸葛亮墓地左右放牧牲畜、割草打柴。

【原文】

亮弟均，官至长水校尉。亮子瞻，嗣爵。

【译文】

诸葛亮的弟弟诸葛均，官做到长水校尉之职。他的儿子诸葛瞻，继承爵位。

【原文】

评曰：诸葛亮之为相国也，抚百姓，示仪轨，约官职，从权制，开诚心，布公道；尽忠益时者虽仇必赏，犯法怠慢者虽亲必罚，服罪输情者虽重必释，游辞巧饰者虽轻必戮；善无微而不赏，恶无纤而不贬；庶事精练，物理其本，循名责实，虚伪不齿；终于邦域之内，咸畏而爱之，刑政虽峻而无怨者，以其用心平而劝戒明也。可谓识治之良才，管、萧之亚匹矣。然连年动众，未能成功，盖应变将略，非其所长欤！

【译文】

评语：诸葛亮做丞相的时候，安抚百姓，明示法度，精简官制，因时制宜，以诚待人，秉公办事。竭尽忠心，有益于世的人虽仇必赏；违犯法令，怠慢职事的人虽亲必罚。认罪服罪，说老实话的人，恶虽重也必予宽释；花言巧语，掩饰罪过的人，罪虽轻也必加严惩。善再小也无不奖赏，恶再细也无不贬斥。处理事务精明练达，对待万物必治其本，循名责实，鄙弃虚伪。全国的人都既畏惧他而又爱戴他，刑法政令虽然严峻，却没人怨恨，这是由于他用心公平而且劝戒分明。真可说是精通政治的良才，差不多可以同管仲、萧何匹敌了。不过连年兴师动众，未能成功，大概随机应变的军事谋略不是他的特长吧！

关　羽　传

【提要】

关羽(约160 —220)，东汉末河东解县(今山西运城西南)人。字云长。汉末亡命涿郡(治今河北涿州)，与张飞从刘备起兵。及曹操败于赤壁，刘备收诸郡，任为襄阳太守，后镇守荆州。219年，围攻操征南将军曹仁，逼降于禁所督七军。又斩操将军庞德，威震华夏。魏遣军往救，吴军乘机袭取江陵(今湖北荆州)，遂败走麦城(今湖北当阳东南)，为吴军俘杀。追谥壮缪侯。宋以后被神化，尊为“关公”“关帝”。

【原文】

关羽字云长，本字长生，河东解人也。亡命奔涿郡。先主于乡里合徒众，而羽与张飞为之御侮。先主为平原相，以羽、飞为别部司马，分统部曲。先主与二人寝则同床，恩若兄弟。而稠人广坐，侍立终日，随先主周旋，不避艰险。

关 羽

【译文】

关羽字云长，本字长生，河东郡解县人。因事逃亡到涿郡。先主在家乡招合人众，关羽和张飞做他的侍卫。先主任平原国相，以羽、飞为别部司马，分别统领部队。先主与二人寝则同床，恩如兄弟。而在稠人广坐之中，二人则整天站在旁边侍卫，先主走到哪儿就跟到哪儿，不避艰险。

【原文】

先主之袭杀徐州刺史车胄，使羽守下邳城，行太守事，而身还小沛。

建安五年，曹公东征，先主奔袁绍。曹公禽羽以归，拜为偏将军，礼之甚厚。绍遣大将颜良攻东郡太守刘延于白马，曹公使张辽及羽为先锋击之。羽望见良麾盖，策马刺良于万众之中，斩其首还，绍诸将莫能当者，遂解白马围。曹公即表封羽为汉寿亭侯。初，曹公壮羽为人，而察其心神无久留之意，谓张辽曰："卿试以情问之。"既而辽以问羽，羽叹曰："吾极知曹公待我厚，然吾受刘将军厚恩，誓以共死，不可背之。吾终不留，吾要当立效以报曹公乃去。"辽以羽言报曹公，曹公义之。及羽杀颜良，曹公知其必去，重加赏赐。羽尽封其所赐，拜书告辞，而奔先主于袁军。左右欲追之，曹公曰："彼各为其主，勿追也。"

【译文】

建安四年（219）先主袭杀徐州刺史车胄，使关羽守下邳城，代理太守，而自己回沛县。

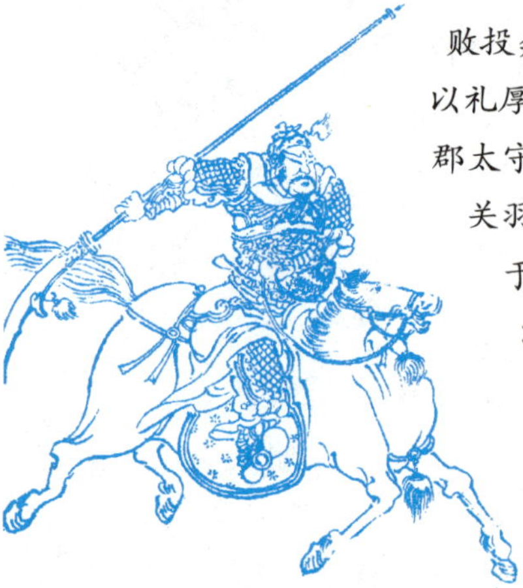
关　羽

建安五年（220），曹公东征先主，先主失败投奔袁绍。曹公擒获关羽而归，任命为偏将军，以礼厚待他。后来袁绍派大将颜良在白马县进攻东郡太守刘延，曹公叫张辽和关羽为先锋去打颜良。关羽望见颜良兵车上的旗帜车盖，拍马刺颜良于千军万马之中，斩其首而还，袁绍的部将没人能抵挡，因而解除了白马的包围。曹公立即上表封关羽为汉寿亭侯。起初，曹公爱关羽为人勇壮，但观察他的神情好像没有久留的意思，便对张辽说："你试问问他的真实想法。"过后张辽将此事问关羽，关羽感叹说："我非常了解曹公待我很好，但我受刘将军的厚恩，发誓生死与共，我不能背叛他。我今后是不会留在这里的，但我要立功以报答曹公，然后再走。"张辽把关羽的话回报曹公，曹公很赞赏他的忠义。等到关羽杀了颜良，曹公知道他必定会离开，对他重加赏赐。关羽把所赐的东西全部封存起来，留下书信告辞，到袁绍军中投奔先主。曹公左右的人要去追赶，曹公说："人家各为其主，不要追了。"

【原文】

从先主就刘表。表卒，曹公定荆州，先主自樊将南渡江，别遣羽乘船数百艘会江陵。曹公追至当阳长阪，先主斜趣汉津，适与羽船相值，共至夏口。孙权遣兵佐先主拒曹公，曹公引军退归。先主收江南诸郡，乃封拜元勋，以羽为襄阳太守、荡寇将军，驻江北。先主西定益州，拜羽董督荆州事。羽闻马超来降，旧非故人，羽书与诸葛亮，问超人才可谁比类。亮知羽护前，乃答之曰："孟起兼资文武，雄烈过人，一世之杰，黥、彭之徒，当与益德并驱争先，犹未及髯之绝伦逸群也。"羽美须髯，故亮谓之"髯"。羽省书大悦，以示宾客。

【译文】

后来随先主到荆州依刘表。刘表死后，曹公定荆州，先主从樊城准备南渡江，另遣关羽率领水军乘船数百艘到江陵会合。曹公追到当阳县长阪，先主斜奔汉津渡，恰好与关羽的船相会，一起到夏口。孙权派兵帮助先主抵抗曹公，曹公领军退回。先主取得江南诸郡，给立了大功的部下封官，以关羽为襄阳太守、荡冠将军，驻江北。先主西定益州，命关羽总管荆州事。关羽听说马超来降，他过去与马超不认识，因此写信给诸葛亮，问马超的人才可以同谁相比。诸葛亮知道关羽好强自负，不愿别人胜过自己，就回信说："马孟起兼有文武的资性，雄猛过人，可谓一代俊杰，属于黥布、彭越一类，可与张益德并驾齐驱，但还不及您美髯公的绝伦超群。"关羽的须髯长而美，所以诸葛亮称他为"髯"。关羽看了信非常高兴，还拿出来给宾客们看。

【原文】

羽尝为流矢所中，贯其左臂，后创虽愈，每至阴雨，骨常疼痛，医曰："矢镞有毒，毒入于骨，当破臂作创，刮骨去毒，然后此患乃除耳。"羽便伸臂令医劈之。时羽适请诸将饮食相对，臂血流离，盈于盘器，而羽割炙引酒，言笑自若。

二十四年，先主为汉中王，拜羽为前将军，假节钺。是岁，羽率众攻曹仁于樊。曹公遣于禁助仁。秋，大霖雨，汉水泛溢，禁所督七军皆没。禁降羽，羽又斩将军庞德。梁、郏、陆浑群盗或遥受羽印号，为之支党，羽威震华夏。曹公议徙许都以避其锐，司马宣王、蒋济以为关羽得志，孙权必不愿也。可遣人劝权蹑其后，许割江南以封权，则樊围自解。曹公从之。先是，权遣使为子索羽女，羽骂辱其使，不许婚，权大怒。又南郡太守麋芳在江陵，将军（傅）士仁屯公安，素皆嫌羽轻己；羽之出军，芳、仁供给军资，不悉相救，羽言"还当治之"，芳、仁咸怀惧不安。于是权阴诱芳、仁，芳、仁使人迎权。而曹公遣徐晃救曹仁，羽不能克，引军退还。权已据江陵，尽虏羽士众妻子，羽军遂散。权遣将逆击羽，斩羽及子平于临沮。追谥羽曰壮缪侯。

【译文】

关羽曾经被流矢射中，射穿了他的左臂，后来伤口虽已愈合，但每到阴雨天，骨头经常疼痛。医生说："箭镞有毒，毒入于骨，应当剖开手臂，刮骨去毒，然后才能除去此患。"关羽便伸臂让医生开刀。当时他正请诸将一道饮酒，虽然臂血淋漓，流满盘器，而他割肉饮酒，谈笑自如。

刮骨疗毒

建安二十四年（219），先主为汉中王，任命关羽为前将军，授予节钺。这一年，关羽率军进攻曹仁于樊城。曹公派于禁去援助曹仁。秋天，连降大雨，汉水泛滥，于禁所统的七军全部覆没，于禁投降关羽。关羽又斩将军庞德。梁、郏、陆浑诸县群盗有的接受关羽的官印、封号，成为他的支党，关羽威震中原。曹公商议迁移许都以避开他的锋芒。司马宣王、蒋济以为关羽得志，孙权必定不愿意，可派人劝孙权袭击他的后方，允许割江南以封孙权，那么樊城的包围就自然解除了。曹公采纳了他们的意见。起先，孙权遣使为儿子向关羽的女儿求婚，关羽辱骂使者，不许婚，孙权大怒。又南郡太守麋芳在江陵，将军士仁屯公安，平素都怨恨关羽轻视自己。自从关羽出军樊城以来，麋芳、士仁供给军资，不能全部及时供应，关羽说回来要惩治他们，二人都惶恐不安。于是孙权暗中引诱麋芳、士仁，麋芳、士仁便使人迎接孙权。这时曹公派徐晃救曹仁，关羽不能攻下樊城，只好率军撤退，而孙权已占据江陵，全部掳获了关羽部下将士的妻儿，关羽的军队因此溃散。孙权遣将拦击关羽，斩羽及其子关平于临沮县。后主时，追谥关羽为壮缪侯。

张 飞 传

【提要】

张飞（？—221），三国时涿郡（治今河北涿州）人。字益德。早年与关羽随刘备起兵，与羽并有"万人敌"之称。刘备称帝后，任为车骑将军，进封西乡侯。后为部将刺死。

【原文】

张飞字益德，涿郡人也，少与关羽俱事先主。羽年长数岁，飞兄事之。先主从曹公破吕布，随还许，曹公

拜飞为中郎将。先主背曹公依袁绍、刘表。表卒，曹公入荆州，先主奔江南。曹公追之，一日一夜，及于当阳之长阪。先主闻曹公卒至，弃妻子走，使飞将二十骑拒后。飞据水断桥，瞋目横矛曰："身是张益德也，可来共决死！"敌皆无敢近者，故遂得免。先主既定江南，以飞为宜都太守、征虏将军，封新亭侯，后转在南郡。先主入益州，还攻刘璋，飞与诸葛亮等溯流而上，分定郡县。至江州，破璋将巴郡太守严颜，生获颜。飞呵颜曰："大军至，何以不降而敢拒战？"颜答曰："卿等无状，侵夺我州，我州但有断头将军，无有降将军也。"飞怒，令左右牵去斫头，颜色不变，曰："斫头便斫头，何为怒邪！"飞壮而释之，引为宾客。飞所过战克，与先主会于成都。益州既平，赐诸葛亮、法正、飞及关羽金各五百斤、银千斤、钱五千万、锦千匹，其余颁赐各有差，以飞领巴西太守。

【译文】

张飞字益德，涿郡人，年轻时与关羽一同侍奉刘备。关羽比张飞大几岁，张飞将关羽当作兄长。刘备跟从曹操打败吕布后，随曹操返回许都，曹操任命张飞为中郎将。后来，刘备背离曹操投靠袁绍、刘表。刘表死后，曹操进兵荆州，刘备被迫向江南逃奔。曹操率兵追击刘备，急行一昼夜，在当阳县的长阪追上刘备。刘备听说曹操突然赶来，抛下妻子儿女逃走，命令张飞率领二十名骑兵断后。张飞占据河岸，拆毁河桥，手执长矛，怒目圆睁，大叫道："我是张益德，谁敢与我决一死战！"敌方无人敢靠近，因而刘备等人才得以逃脱。刘备平定江南各郡后，任命张飞为宜都太守、征虏将军，封爵为新亭侯。后来又调往南郡。刘备进入益州，北上抗击张鲁，又回兵进攻刘璋，张飞与诸葛亮等人沿长江溯流而上，分兵平定沿途各郡县。到江州，又击败了刘璋的部将巴郡太守严颜，将他活捉。张飞怒斥严颜说："我大军来到，你为什么不投降，竟敢领兵顽抗？"严颜说："你们无故兴兵，侵夺我益州，我益州只

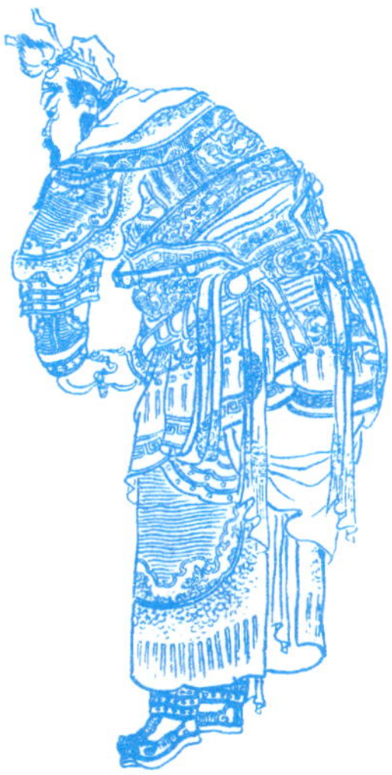

张 飞

有断头的将军，没有投降的将军。”张飞大怒，命令身旁的兵卒将严颜拉出去砍头，严颜面不改色，说道：“砍头就砍头，何必发怒！”张飞敬佩严颜的勇气，下令将他释放，反把他当作宾客。张飞一路攻无不克，在成都与刘备会师。刘备平定益州后，赏赐诸葛亮、法正、张飞和关羽每人黄金五百斤、白银一千斤、铜钱五千万、锦缎一千匹，对其余将士也给予了数量不等的赏赐，同时任命张飞兼任巴西太守。

【原文】

曹公破张鲁，留夏侯渊、张郃守汉川。郃别督诸军下巴西，欲徙其民于汉中，进军宕渠、蒙头、荡石，与飞相拒五十余日。飞率精卒万余人，从他道邀郃军交战，山道迮狭，前后不得相救，飞遂破郃。郃弃马缘山，独与麾下十余人从间道退，引军还南郑，巴土获安。先主为汉中王，拜飞为右将军，假节。章武元年，迁车骑将军，领司隶校尉，进封西乡侯，策曰：“朕承天序，嗣奉洪业，除残靖乱，未烛厥理。今寇虏作害，民被荼毒，思汉之士，延颈鹤望。朕用怛然，坐不安席，食不甘味，整军诰誓，将行天罚。以君忠毅，侔踪召虎，名宣遐迩，故特显命，高墉进爵，兼司于京。其诞将天威，柔服以德，伐叛以刑，称朕意焉。《诗》不云乎，‘匪疚匪棘，王国来极。肇敏戎功，用锡尔祉’。可不勉欤！”

【译文】

曹操打败张鲁后，将夏侯渊、张郃留下镇守汉中。张郃率几支兵马南下巴西郡，准备将巴西百姓迁往汉中，进兵宕渠、蒙头、荡石，与张飞相持了五十多天。张飞统率精兵一万多人，从其他道路将张郃军队截断，与张郃交战，因山路狭窄，张郃部队前后无法呼应救援，被张飞打败。张郃弃马匹，攀登山崖，只带着十几名部下从小道逃走。张郃率残兵返回南郑，巴西郡得以安宁。刘备被拥立为汉中王后，任命张飞担任了右将军，授予符节。章武元年（221），张飞晋升为车骑将军，兼任司隶校尉，晋封爵位为西乡侯。册封说：“我秉承汉室帝王世序，继承高祖皇帝开创的大业，扫除残敌，平定厥理。今曹兵又来侵犯我国，人民被残害，向往大汉的百姓都盼望着国家的中兴。我因此心中悲伤忧虑，坐不安席，食不甘味，整肃军队，发布誓辞，准备遵奉天意惩乱国奸贼。由于您忠勇坚毅，如卫护周宣王的名臣召虎，远近闻名，因而现在特地宣布为你晋升官职、爵位，授权你兼掌京城和附近郡县。望你大力弘扬君王恩威，施行仁德，安抚百姓，以刑威来讨伐叛逆，满足我的心愿。《诗》中不是讲过，‘不要侵害百姓，不要急躁冒进，一切要遵循周王朝的礼法准则。迅速建功立业，我会赐给你福禄’。不可不努力啊！”

【原文】

初，飞雄壮威猛，亚于关羽，魏谋臣程昱等咸称羽、飞万人之敌也。羽善待卒伍而骄于士大夫，飞爱敬君子而不恤小人。先主常戒之曰：“卿刑杀既过差，又日鞭挝健儿，而令在左右，此取祸之道也。”飞犹不悛。先主伐吴，飞当率兵万人，自阆中会江州。临发，其帐下将张达、范彊杀飞，持其首，顺流而奔孙权。飞营都督表报先主，先主闻飞都督之有表也，曰：“噫！飞死矣。”追谥飞曰桓侯。长子苞，早夭。次子绍嗣，官至侍中、尚书仆射。苞子遵为尚书，随诸葛瞻于绵竹，与邓艾战，死。

【译文】

当初，张飞雄猛威武，仅次于关羽，魏国谋臣程昱等人都夸赞关羽、张飞有万夫不挡之勇。关羽对待下级士卒很友善，对上层士大夫阶层很傲慢；而张飞却敬重地位名望较高的人，而不体恤爱护普通士兵。刘备常常告诫张飞：“你杀人用刑过度，又常常鞭打手下武士，还把这些人安排在身旁，你这是自取祸害啊！”张飞听了仍不悔改。刘备攻打东吴，张飞本应率一万兵马，从阆中出兵赶赴江州与刘备会合。临行前，张飞帐下部将张达、范彊杀害了张飞，带着他的首级，顺流而下投奔孙权。张飞军中的营都督上表报告刘备，刘备听说张飞的营都督有表上奏，惊叹说：“唉！张飞死了。”于是追谥张飞为桓侯。张飞的长子张苞少年早丧。次子张绍继承了爵位，官至侍中、尚书仆射。张苞之子张遵担任尚书，随诸葛瞻驻绵竹，在与邓艾作战时战死。

张飞遇害

姜 维 传

【提要】

姜维(202—264)，三国时蜀国将领。字伯约，天水冀县(今甘肃甘谷东南)人。以父功赐为郎中，参本郡军事。后归蜀，任仓曹掾，继升中监军、征西将军。后功迁平襄侯。延熙元年(238)，随大将军蒋琬驻汉中，为司马，迁为征西大将军，领凉州刺史。延熙十年(247)，任卫将军，与大将军费祎共录尚书事。魏遣钟会、邓艾伐蜀，他坚守剑阁，邓艾由阴平道潜入，直逼成都，后主刘禅出降。后钟会谋叛魏，维秘与联结，拟借机恢复蜀汉，事败被杀。

【原文】

姜维字伯约，天水冀人也。少孤，与母居。好郑氏学。仕郡上计掾，州辟为从事。以父冏昔为郡功曹，值羌、戎叛乱，身卫郡将，没于战场，赐维官中郎，参本郡军事。建兴六年，丞相诸葛亮军向祁山，时天水太守适出案行，维及功曹梁绪、主簿尹赏、主记梁虔等从行。太守闻蜀军垂至，而诸县响应，疑维等皆有异心，于是夜亡保上邽。维等觉太守去，追迟，至城门，城门已闭，不纳。维等相率还冀，冀亦不入维。维等乃俱诣诸葛亮。会马谡败于街亭，亮拔将西县千余家及维等还，故维遂与母相失。亮辟维为仓曹掾，加奉义将军，封当阳亭侯，时年二十七。亮与留府长史张裔、参军蒋琬书曰："姜伯约忠勤时事，思虑精密，考其所有，永南、季常诸人不如也。其人，凉州上士也。"又曰："须先教中虎步兵五六千人。姜伯约甚敏于军事，既有胆义，深解兵意。此人心存汉室，而才兼于人，毕教军事，当遣诣宫，觐见主上。"后迁中监军、征西将军。

【译文】

姜维字伯约，天水郡冀县人。幼年丧父，与寡母一起生活。喜好郑玄的经学。始任天水郡的上计掾，后来州里又征召他为从事。由于他的父亲姜冏曾是天水郡的功曹，正赶上羌、戎族叛乱，挺身护卫郡太守，死在战场，因此赐给姜维中郎官职，参议本郡军事。建兴六年（228），丞相诸葛亮出师祁山。这时，天水郡太守外出巡视，姜维和功曹梁绪、主簿尹赏、主记梁虔等人一同随行。太守听说蜀军将要到了，各县都起来响应，怀疑姜维等随行的人都怀有二心，因此趁夜晚跑到上邽。姜维等发觉太守离去，追赶不及，追到上邽城门下，城门已关闭，太守不收留他们。姜维一行又一同返回冀县，冀县同样也不收留他们，于是姜维等人到了诸葛亮那里。正赶上马谡在街亭战败，诸葛亮带领西县一千余家和姜维等人收兵返回。因此姜维就与老母失散了。诸葛亮征召姜维做仓曹掾，加官奉义将军，被封为当阳亭侯。当时他年仅二十七岁。诸葛亮在给留府长史张裔和参军蒋琬的信中说："姜伯约对自己的职事忠心勤奋，思虑问题细密周详，考察具有的才能与品德，即使李邵和马良也不如他。姜维这个人的确是凉州的名士。"又说："应该让他先教练中虎步兵五六千人，姜伯约在军事方面非常敏锐，有胆量和义气，精通用兵之道。此人忠心于大汉，又才力过人。等他结束军事教练后，应派他到朝中，朝见汉主。"后来姜维升为中监军、征西将军。

姜维

【原文】

十二年，亮卒，维还成都，为右监军、辅汉将军，统诸军，进封平襄侯。延熙元年，随大将军蒋琬住汉中。琬既迁大司马，以维为司马，数率偏军西入。六年，迁镇西大将军，领凉州刺史。十年，迁卫将军，与大将军费祎共录尚书事。是岁，汶山平康夷反，维率众讨定之。又出陇西、南安、金城界，与魏大将郭淮、夏侯霸等战于洮西。胡王治无戴等举部落降，维将还安处之。十二年，假维节，复出西平，不克而还。维自以练西方风俗，兼负其才武，欲诱诸羌、胡以为羽翼，谓自陇以西可断而有也。每欲兴军大举，费祎常裁制不从，与其兵不过万人。

夏侯霸

【译文】

建兴十二年（234），诸葛亮死，姜维回到成都。任右监军、辅汉将军，统帅各路军队，又增封他为平襄侯。延熙元年（238）跟随大将军蒋琬驻扎在汉中郡；蒋琬升为大司马后，姜维任司马，多次率领一部分军队向西进军。延熙六年（243）升为镇西将军，兼凉州刺史。延熙十年（247）升为卫将军，和大将军费祎一起任录尚书事。这一年，汶山平康县夷人叛乱，姜维率军平息了反叛。又出兵陇西、南安和金城的边界，在洮西与魏国大将军郭淮、夏侯霸交战。胡人头领治无戴等人带领整个部落投降姜维，姜维带领他们返回并且很好地安排他们。延熙十二年（249）授予符节，又出兵西平郡，不胜而还。姜维自己以为熟悉西方人的民俗风情，加上自负自己的才能和武力，想诱使各羌人和胡人部落作为羽翼，认为这样可以把陇地以西的地方截断而占有它。姜维每次想大举兴兵，而费祎经常限制他，不听从他的计谋，给他的兵士不过一万人。

【原文】

十六年春，祎卒。夏，维率数万人出石营，经董亭，围南安，魏雍州刺史陈泰解围至洛门，维粮尽退还。明年，加督中外军事，复出陇西，守狄道长李简举城降。进围襄武，与魏将徐质交锋，斩首破敌，魏军败退。维乘胜多所降下，拔河关、狄道、临洮三县民还。后十八年，复与车骑将军夏侯霸等俱出狄道，大破魏雍州刺史王经于洮西，经众死者数万人。经退保狄道城，维围之。魏征西将军陈泰进兵解围，维却住钟题。

【译文】

延熙十六年（253），费祎被刺客杀害。这年夏天，姜维率领数万人出兵石营，经过董亭，包围南安。魏国雍州刺史陈泰到洛门解围，姜维因粮尽而退兵。

第二年，加官为督中外军事。又出兵陇西，代理狄道县长李简全城投降。接着又包围襄武县，与魏国将领徐质交锋，斩首破敌，魏军败退。姜维乘胜前进，降服了很多敌人。攻克了河间、狄道和临洮三县，把三县老百姓迁徙到汉中。延熙十八年（255）又与车骑将军夏侯霸一起出兵狄道，在洮西大败魏国雍州刺史王经，王经的部队死亡数万人。王经退守狄道城，姜维部队包围了狄道城。魏征西将军陈泰带领军队前来解围，姜维退到钟题驻扎。

【原文】

十九年春，就迁维为大将军。更整勒戎马，与镇西大将军胡济期会上邽，济失誓不至，故维为魏大将邓艾所破于段谷，星散流离，死者甚众。众庶由是怨讟，而陇已西亦骚动不宁，维谢过引负，求自贬削。为后将军，行大将军事。

【译文】

延熙十九年（256）春天，姜维于驻地营中被任命为大将军。于是又整顿人马与镇西大将军胡济约定会师于上邽，胡济失约未到。所以姜维在段谷被魏国大将邓艾击败。士卒四散，死者很多。因此大家怨恨，指责姜维。而陇以西地区也骚动不宁，姜维引咎自责，自己请求贬官削爵。降为后将军，代行大将军事。

【原文】

二十年，魏征东大将军诸葛诞反于淮南，分关中兵东下。维欲乘虚向秦川，复率数万人出骆谷，径至沈岭。时长城积谷甚多而守兵乃少，闻维方到，众皆惶惧。魏大将司马望拒之，邓艾亦自陇右，皆军于长城。维前住芒水，皆倚山为营。望、艾傍渭坚围，维数下挑战，望、艾不应。景耀元年，维闻诞破败，乃还成都。复拜大将军。

【译文】

延熙二十年（257），魏国征东大将军诸葛诞在淮南反叛，魏国分派关中的一部分军队东下淮南。姜维想要乘敌人空虚向秦川进攻，于是又一次率领数万人出兵骆谷，径直杀向沈岭。这时长城所堆积的粮食很多而守兵很少，听说姜维要到了，都非常惶恐。魏大将军司马望带兵抵御姜维，邓艾也从陇右出兵，都驻军于长城。姜维率军进驻芒水倚山扎营，司马望、邓艾在渭水边坚守营寨。姜维几次挑战，司马望和邓艾都置之不理。景耀元年（258），姜维听到诸葛诞兵败的消息，才回到了成都。重又被任命为大将军。

【原文】

初，先主留魏延镇汉中，皆实兵诸围以御外敌，敌若来攻，使不得入。及兴势之役，王平捍拒曹爽，皆承此制。维建议，以为错守诸围，虽合《周易》“重门”之义，然适可御敌，不获大利。不若使闻敌至，诸围皆敛兵聚谷，退就汉、乐二城，使敌不得入平，且重关镇守以捍之。有事之日，令游军并进以伺其虚。敌攻关不克，野无散谷，千里县粮，自然疲乏。引退之日，然后诸城并出，与游军并力搏之，此殄敌之术也。于是令督汉中胡济却住汉寿，监军王含守乐城，护军蒋斌守汉城，又于西安、建威、武卫、石门、武城、建昌、临远皆立围守。

【译文】

当初，先主刘备留魏延镇守汉中，都是用重兵坚守各个营寨以防御外敌。敌人若来进攻，使他们越不过防御工事。一直到兴势战役，王平抵抗曹爽，都袭用这种办法。姜维认为交错防守各个营寨，虽然合乎《周易》“重门”之义，只可以防御，却不可以获得更大的利益，不如在知道敌兵来到时，各营寨都收兵积聚粮食，退守汉城和乐城，使敌人进入不了平原，并且再用多层关卡镇守来抵御来敌。有敌来犯时，让游击部队伺机攻击敌人。敌人攻关不克，城外四野又没有粮食，从千里之外运粮，敌人自然疲乏。敌人退却的时候，各城中兵士一齐出动，与游击部队并力杀敌，这是消灭敌人的好办法。于是命令督汉中的胡济退守汉寿县，监军王含退守乐城，护军蒋斌守汉城。又在西安、建威、武卫、石门、武城、建昌、临远等地建立防御工事。

【原文】

五年，维率众出汉、侯和，为邓艾所破，还住沓中。维本羁旅托国，累年攻战，功绩不立，而宦官黄皓等弄权于内，右大将军阎宇与皓协比，而皓阴欲

廖 化

废维树宇。维亦疑之，故自危惧，不复还成都。六年，维表后主："闻钟会治兵关中，欲规进取，宜并遣张翼、廖化督诸军分护阳安关口、阴平桥头以防未然。"皓征信鬼巫，谓敌终不自致，启后主寝其事，而群臣不知。及钟会将向骆谷，邓艾将入沓中，然后乃遣右车骑廖化诣沓中为维援，左车骑张翼、辅国大将军董厥等诣阳安关口以为诸围外助。比至阴平，闻魏将诸葛绪向建威，故住待之。月余，维为邓艾所摧，还住阴平。钟会攻汉、乐二城，遣别将进攻关口，蒋舒开城出降，傅佥格斗而死。会攻乐城，不能克，闻关口已下，长驱而前。翼、厥甫至汉寿，维、化亦舍阴平而退，适与翼、厥合，皆退保剑阁以拒会。会与维书曰："公侯以文武之德，怀迈世之略，功济巴、汉，声畅华夏，远近莫不归名。每惟畴昔，尝同大化，吴札、郑乔，能喻斯好。"维不答书，列营守险。会不能克，粮运县远，将议还归。

【译文】

景耀五年（262），姜维率军出兵汉城、侯和，被邓艾打败，退还到沓中。姜维本来托身别国，流寓他乡，连年的征战没有建立功勋，而宦官黄皓在朝廷玩弄权术，右大将军阎宇又和黄皓勾结在一起。黄皓阴谋废掉姜维，以阎宇取而代之，姜维也怀疑黄皓，因此自己感到恐惧，所以不再返回成都。景耀六年（263），姜维上表给刘禅说："听说钟会在关中练兵，想要图谋进攻蜀国。应该派遣张翼和廖化监督各路军马，分别守卫阳安关口和阴平桥头，以防患于未然。"黄皓崇信鬼神，说敌人最终不会来侵犯自己，劝说刘禅停止了这次军事计划，而大臣们却不知道这件事情。等到钟会要向骆谷进攻，邓艾快要进入沓中的时候，才派遣右车骑廖化到沓中援助姜维，派左车骑张翼、辅国大将军董厥等往阳安关口作为各边防营寨的外援。等到军队出发到阴平，听说魏国将领诸葛绪进攻建威，所以驻扎下来等待敌人。一个多月后，姜维被邓艾打败，退后驻扎在阴平。钟会攻打包围了汉、乐二城，另派将领攻打关口。蒋舒打开城门投降，傅佥战死。钟会攻打乐城，攻不下。听说阳安关口已经攻下，便率领部队长驱直入。张翼和董厥刚到汉寿，姜维、廖化也舍弃阴平退到这里，与张翼和董厥相会，都退保剑阁来抵御钟会。钟会给姜维的信中说："公侯您文武全才，有超世之谋略，功业成就于巴蜀和汉中，名扬华夏，远近没有不推崇您的。每当想起往昔，我们同朝共同沐浴魏国的教化，吴季札和郑子产的友谊可以用来说明我们的关系。"姜维拒不回信，布置部队，守卫险要。钟会攻不下，粮食运输道途遥远，便计划撤兵。

【原文】

而邓艾自阴平由景谷道傍入，遂破诸葛瞻于绵竹。后主请降于艾，艾前据成都。维等初闻瞻破，或闻后主欲固守成都，或闻欲东入吴，或闻欲南入建宁，于是引军由广汉、郪道以审虚实。寻被后主敕令，乃投戈放甲，诣会于涪军前，将士咸怒，拔刀斫石。

【译文】

这时邓艾从阴平由景谷小路进入蜀境，在绵竹打败诸葛瞻。刘禅向邓艾投降，于是邓艾进驻成都。姜维等人一开始听说诸葛瞻战败，又有人传说刘禅准备死守成都，又有人传说刘禅要东入吴国，还有人说刘禅要向南到建宁。根据这种情况，姜维退兵由广汉县到郪县，以便查明虚实。不久刘禅下令，姜维才放下武器脱下铠甲，到涪县钟会的军前投降。将士们听说后，内心郁愤，拔刀砍石。

【原文】

会厚待维等，皆权还其印号节盖。会与维出则同舆，坐则同席，谓长史杜预曰："以伯约比中土名士，公休、太初不能胜也。"会既构邓艾，艾槛车征，因将维等诣成都，自称益州牧以叛。欲授维兵五万人，使为前驱。魏将士愤怒，杀会及维，维妻子皆伏诛。

杜　预

【译文】

钟会优待姜维等人，暂时把印号节盖都还给姜维。

钟会同姜维出则同乘一个车子，坐则同坐一个席子。钟会对长史杜预说：“以姜伯约来比中原的名士，就是诸葛诞、夏侯玄也赶不上姜维。”钟会已经陷害了邓艾，邓艾被押在囚车中送回魏都。因而带着姜维等人到了成都，自称益州牧，反叛魏国。钟会要给姜维五万人，作为部队的前驱。魏国的将士群情激愤，杀死钟会和姜维。姜维的妻子和子女都被杀。

吴主传

【提要】

孙权（182—252），三国时吴国创建者。吴郡富春（今浙江杭州市富阳区）人，字仲谋。200年，其兄孙策死，继有其兄所据江东五郡。得张昭、周瑜等辅佐。208年，与刘备联合，于赤壁之战大败曹操。后与刘备交恶。称臣于魏，封吴王。229年，即皇帝位于武昌（今湖北鄂州），国号吴，改元黄龙，旋迁都建业（今江苏南京）。死后谥大皇帝，庙号太祖。

【原文】

孙权字仲谋。兄策既定诸郡，时权年十五，以为阳羡长。郡察孝廉，州举茂才，行奉义校尉。

【译文】

孙权字仲谋，他哥哥孙策平定江东诸郡时，他年仅十五岁，就被任命做阳羡县县长。曾被郡里举荐为孝廉，州里推举为茂才，并且代理奉义校尉。

【原文】

（建安）五年，策薨，以事授权，权哭未及息。策长史张昭谓权曰：“孝廉，此宁哭时邪？且周公立法而伯禽不师，非欲违父，时不得行也。况今奸宄竞逐，豺狼满道，乃欲哀亲戚，顾礼制，是犹开门而揖盗，未可以为仁也。”乃改易权服，扶令上马，使出巡军。是时惟有会稽、吴郡、丹杨、豫章、庐陵，然深险之地犹未尽从，而天下英豪布在州郡，宾旅寄寓之士以安危去就为意，未有君臣之固。张昭、周瑜等谓权可与共成大业，

故委心而服事焉。曹公表权为讨虏将军，领会稽太守，屯吴，使丞之郡行文书事。待张昭以师傅之礼，而周瑜、程普、吕范等为将率。招延俊秀，聘求名士，鲁肃、诸葛瑾等始为宾客。分部诸将，镇抚山越，讨不从命。

孙　权

【译文】

建安五年（200），孙策去世，把军国大事托付给孙权，孙权痛哭不止。孙策的长史张昭对孙权说："孝廉，这难道是哭泣的时候吗？再说古时周公立的丧礼就连他儿子伯禽也没遵守，并不是他违逆父训，只是由于当时的形势不能按丧礼办事罢了。况且现在奸诈之徒竞相角逐争斗，豺狼当道，你却哀痛死去的兄长，顾念丧礼，这就像打开门户招引盗贼一样，这种行为不能算是仁德啊。"于是让孙权脱下丧服，扶他上马，外出巡视军队。这时，孙权只占据会稽、吴郡、丹杨、豫章、庐陵五郡，而这五郡的边远险要地方还未完全归服，并且天下的英雄豪杰散布在各州郡，作客寄寓的士人往往以个人的安危决定去留，君臣之间还没有建立起牢固的关系。张昭、周瑜等人认为可以与孙权一起成就大事业，所以尽心辅佐他。曹操上表奏封孙权为讨虏将军，兼任会稽太守，驻扎在吴郡，孙权派使丞到会稽郡处理日常事务，对待张昭以太师、太傅之礼，而周瑜、程普、吕范等人都被任命为将军。广招有才能的人，以礼征聘有名望的士人，鲁肃、诸葛瑾等人这时才做了他的宾客。分派众将，镇压并安抚山越族，讨伐那些不服从命令的人。

【原文】

荆州牧刘表死，鲁肃乞奉命吊表二子，且以观变。肃未到，而曹公已临其境，表子琮举众以降。刘备欲南济江，肃与相见，因传权旨，为陈成败。备进住夏口，使诸葛亮诣权，权遣周瑜、程普等行。是时曹公新得表众，形势甚盛，诸议者皆望风畏惧，多劝权迎之。惟瑜、肃执拒之议，意与权同。瑜、普为左右督，各领万人，与备俱进，遇于赤壁，大破曹公军。公烧其余船引退，士卒饥疫，死者大半。备、瑜等复追至南郡，曹公遂北还，留曹仁、徐晃于江陵，使乐进守襄阳。

【译文】

建安十三年（208），荆州牧刘表死后，鲁肃请求接受使命去慰问刘表的两个儿子，借机观察荆州的变化。鲁肃还没有到荆州，曹操已率军来到荆州境内，刘表的小儿子刘琮率众投降。刘备准备南渡长江，鲁肃与他相见，向他转达了孙权的打算和计划，分析摆在他们面前的失败与成功的两种前途。刘备进驻夏口，派诸葛亮去拜见孙权，孙权派周瑜、程普等人率军行动，配合刘备。这时，曹操刚得到刘表的人马，军容壮大，气势很盛，孙权的谋士们都深感畏惧，大多劝孙权迎降曹操，只有周瑜、鲁肃主张坚决抗击曹军，意见刚好与孙权相同。周瑜、程普任左右都督，各自率军一万多人，与刘备一起进军，在赤壁与曹军交战，大败曹操的军队。曹操烧毁了来不及撤走的船只，领兵撤退，士兵们饥饿难当，再加上瘟疫流行，死了一大半。刘备、周瑜等人又追击到南郡，于是曹操撤军北还，留下曹仁、徐晃守江陵，派乐进镇守襄阳。

徐晃

【原文】

十六年，权徙治秣陵。明年，城石头，改秣陵为建业。闻曹公将来侵，作濡须坞。

十八年正月，曹公攻濡须，权与相拒月余。曹公望权军，叹其齐肃，乃退。初，曹公恐江滨郡县为权所略，征令内移。民转相惊，自庐江、九江、蕲春、广陵户十余万皆东渡江，江西遂虚，合肥以南惟有皖城。

【译文】

建安十六年（211），孙权将治所迁到秣陵。第二年，修筑石头城，改秣陵为建业。听到曹操将要向南来侵犯，就修筑了濡须坞。

建安十八年正月（213），曹操攻打濡须坞，孙权与他相持了一个多月。曹操看见孙权的军队，感叹他们军容严整，于是就撤退了。起初，曹操担心长江北岸的郡县被孙权夺取，下令让百姓往内地迁移。百姓们反而自相惊恐，从庐江、九江、蕲春、广陵一带东渡长江的有十多万户，长江西岸因此空虚，合肥以南就只有皖城。

【原文】

（十九年）是岁刘备定蜀。权以备已得益州，令诸葛瑾从求荆州诸郡。备不许，曰：“吾方图凉州，凉州定，乃尽以荆州与吴耳。”权曰：“此假而不反，而欲以虚辞引岁。”遂置南三郡长史，关羽尽逐之。权大怒，乃遣吕蒙督鲜于丹、徐忠、孙规等兵二万取长沙、零陵、桂阳三郡，使鲁肃以万人屯巴丘以御关羽。权住陆口，为诸军节度。蒙到，二郡皆服，惟零陵太守郝普未下。会备到公安，使关羽将三万兵至益阳，权乃召蒙等使还助肃。蒙使人诱普，普降，尽得三郡将守，因引军还，与孙皎、潘璋并鲁肃兵并进，拒羽于益阳。未战，会曹公入汉中，备惧失益州，使使求和。权令诸葛瑾报，更寻盟好，遂分荆州、长沙、江夏、桂阳以东属权，南郡、零陵、武陵以西属备。备归，而曹公已还。

【译文】

鲁 肃

[建安十九年（214）]这一年，刘备平定了蜀地。孙权认为刘备已得到益州，就派诸葛瑾去向刘备讨回荆州各郡。刘备不答应，说：“我正在图谋凉州，如果夺得凉州，就把荆州全部归还给吴国。”孙权说：“这是借而不还，想用这些空话来拖延时间。”于是就设置了荆州南部三郡的太守，结果关羽把他们全部赶走。孙权大怒，就派吕蒙指挥鲜于丹、徐忠、孙规等人的军队二万余人，攻取长沙、零陵、桂阳三郡，派鲁肃率军一万驻扎在巴丘，用以防御关羽。孙权驻扎在陆口，指挥调度各路军队。吕蒙率兵一到，长沙、桂阳二郡都归服了，只有零陵太守郝普不愿投降。正好刘备来到公安，派关羽率军三万进兵到益阳，孙权就召回吕蒙等人，让他们援助鲁肃。吕蒙派人诱降郝普，郝普投降，三郡便全部得到

了，于是领兵回返。孙权和孙皎、潘璋、鲁肃的军队一同进兵，在益阳抗击关羽。还未曾交战，适逢曹操进攻汉中，刘备害怕失去益州，便派使丞向孙权求和。孙权派诸葛瑾回复刘备，答应重新结为盟友。于是双方分荆州、长沙、江夏、桂阳以东地区属于孙权，南郡、零陵、武陵以西地区属于刘备。刘备返回去后，曹操已撤退了。

【原文】

二十一年冬，曹公次于居巢，遂攻濡须。

二十二年春，权令都尉徐详诣曹公请降，公报使修好，誓重结婚。

二十三年十月，权将如吴，亲乘马射虎于庱亭。马为虎所伤，权投以双戟，虎却废，常从张世击以戈，获之。

二十四年，关羽围曹仁于襄阳，曹公遣左将军于禁救之。会汉水暴起，羽以舟兵尽虏禁等步骑三万送江陵，惟城未拔。权内惮羽，外欲以为己功，笺与曹公，乞以讨羽自效。曹公且欲使羽与权相持以斗之，驿传权书，使曹仁以弩射示羽。羽犹豫不能去。闰月，权征羽，先遣吕蒙袭公安，获将军士仁。蒙到南郡，南郡太守麋芳以城降。蒙据江陵，抚其老弱，释于禁之囚。陆逊别取宜都，获秭归、枝江、夷道，还屯夷陵，守峡口以备蜀，关羽还当阳，西保麦城。权使诱之。羽伪降，立幡旗为象人于城上，因遁走，兵皆解散，尚十余骑。权先使朱然、潘璋断其径路。十二月，璋司马马忠获羽及其子平、都督赵累等于章乡，遂定荆州，是岁大疫，尽除荆州民租税。曹公表权为骠骑将军，假节领荆州牧，封南昌侯。权遣校尉梁寓奉贡于汉，及令王惇市马，又遣朱光等归。

【译文】

建安二十一年（216）冬天，曹操驻军居巢，于是又攻打濡须坞。

建安二十二年（217）春天，孙权命令都尉徐详拜访曹操，请求归降。曹操派使者回复孙权，同意和好，立誓重新结为姻亲。

建安二十三年十月（218），孙权将要去吴郡，亲自骑马在庱亭射虎。他的马被虎咬伤，孙权用双戟向老虎刺去，虎受伤后退，常从张世又用戈击打虎，将老虎捕获。

建安二十四年（219），关羽在襄阳包围了曹仁，曹操派左将军于禁去援救。正巧汉水暴涨，关羽用水军俘虏了于禁的全部步骑兵三万多人，押送到了江陵，只有襄阳城未能攻克。孙权内心畏惧关羽，表面上却想要为自己表功，就写信给曹操，请求以讨伐关羽来效力。曹操想让关羽与孙权相互争斗，就让驿站传递孙权的信给曹仁，让曹仁用弓箭将信射出城外让关羽看，关羽看信后犹豫不决，没能立即撤军。闰十月，孙权征讨关羽，先派吕蒙袭击公安，俘虏守将士仁。吕蒙到南郡，南郡太守麋芳献城投降。吕蒙占据江陵，抚恤当地的老弱士兵和百姓，释放被囚禁的于禁等人。陆逊又攻占了宜都郡，得到了秭归、枝江、夷道，回师驻扎夷陵，扼守峡口以防御蜀军的进攻。关羽返回当阳，向西退保麦城。孙权派人诱降他。关羽假装投降，在城楼上树旗帜和草人迷惑孙权，自己乘机逃跑，兵士们都逃散了，只有十几个骑兵跟随他。孙权先派朱然、潘璋在必经之路阻截他。十二月，潘璋的司马马忠在章乡抓获了关羽和他的儿子关平，以及都督赵累等人，孙权于是平定了荆州。这年流行瘟疫，孙权免除了荆州百姓的全部租税。曹操表奏孙权为骠骑将军，授予符节，兼任荆州牧，封南昌侯。孙权派校尉梁寓向汉廷敬奉贡品，并让王惇购买马匹，送原来被俘虏的朱光等人返回北方。

【原文】

二十五年春正月，曹公薨，太子丕代为丞相魏王，改年为延康……冬，魏嗣王称尊号，改元为黄初。二年四月，刘备称帝于蜀。权自公安都鄂，改名武昌，以武昌、下雉、寻阳、阳新、柴桑、沙羡六县为武昌郡……八月，城武昌……自魏文帝践阼，权使命称藩，及遣于禁等还。十一月，策命权曰："……今封君为吴王，使使持节太常高平侯贞，授君玺绶策书、金虎符第一至第五、左竹使符第一至第十，以大将军使持节督交州，领荆州牧事，锡君青土，苴以白茅，对扬朕命，以尹东夏。其上故骠骑将军南昌侯印绶符策。今又加君九锡，其敬听后命……"是岁，刘备帅军来伐，至巫山、秭归，使使诱导武陵蛮夷，假与印传，许之封赏。于是诸县及五豁民皆反为蜀。权以陆逊为督，督朱然、潘璋等以拒之。

遣都尉赵咨使魏。魏帝问曰：“吴王何等主也？”咨对曰：“聪明仁智，雄略之主也。”帝问其状，咨曰：“纳鲁肃于凡品，是其聪也；拔吕蒙于行陈，是其明也；获于禁而不害，是其仁也；取荆州而兵不血刃，是其智也；据三州〔而〕虎视于天下，是其雄也；屈身于陛下，是其略也。”

【译文】

建安二十五年（220） 正月，曹操去世。太子曹丕接替曹操做了丞相和魏王，改年号为延康……冬季，继任的魏王曹丕称帝，改年号为黄初。黄初二年（221） 四月，刘备在蜀称帝。孙权从公安迁都鄂城，改名为武昌，以武昌、下雉、寻阳、阳新、柴桑、沙羡六县设置武昌郡……八月，修筑武昌城……自从魏文帝曹丕即位后，孙权派使者去请求做魏国的藩属，并送于禁等人回去。十一月，曹丕在策封孙权的文书上说：“……现在封您为吴王，派遣使者持节太常卿高平侯刑贞，授予您印玺、绶带、策封文书、金虎符第一到第五枚、左竹使符第一到第十枚，任命您以大将军、使持节的身份监督交州，兼任荆州牧，赐给您用白茅草包着的青土，要报答称扬我的任命，治理好东部中国。要上缴过去骠骑将军南昌侯的印玺、绥带、符节和策封文书。现在又加赏给您九锡之礼，请您敬听下面的命令……”这一年，刘备率军前来讨伐孙权，到了巫山、秭归，就派使者去诱降武陵的夷民部落，授给他们印信，答应给他们封赏。于是各县及五溪一带的百姓都反吴降蜀。孙权任命陆逊为都督，率领朱然、潘璋等人来抵抗。派遣都尉赵咨出使魏国。魏文帝曹丕问赵咨：“吴王是个怎么样的君主？”赵咨回答说：“他聪明仁爱又有智慧，是个有雄才大略的君主。”曹丕问具体怎么解释，赵咨又回答说：“从凡人中起用鲁肃，是他的聪明；在一般兵士中提拔吕蒙，是他的明智；俘获了于禁而不杀，是他的仁爱；攻取荆州而兵器不沾一滴血，是他的智慧；占据三州而虎视天下，是他的雄才；屈身向陛下称臣，是他的谋略。”

受封吴王

【原文】

黄武元年春正月，陆逊部将军宋谦等攻蜀五屯，皆破之，斩其将。三月，鄱阳言黄龙见。蜀军分据险地，前后五十余营，逊随轻重以兵应拒，自正月至闰月，大破之，临阵所斩及投兵降首数万人。刘备奔走，仅以身免。

【译文】

黄武元年（222） 正月，陆逊的部将宋谦等人攻打蜀国的五个兵营，都攻破了，并杀了守将。三月，鄱阳传说黄龙出现。蜀军分别占据了险要地区，前后设兵营五十多个，陆逊根据情况用兵抵抗，从正月到闰六月，彻底打败了蜀军，在战场上所杀和放下武器投降的士兵有几万人。刘备逃跑，只是他本人没有被俘。

【原文】

初，权外托事魏，而诚心不款。魏欲遣侍中辛毗、尚书桓阶往与盟誓，并征任子，权辞让不受。秋九月，魏乃命曹休、张辽、臧霸出洞口，曹仁出濡须，曹真、夏侯尚、张郃、徐晃围南郡。权遣吕范等督五军，以舟军拒休等，诸葛瑾、潘璋、杨粲救南郡，朱桓以濡须督拒仁。时扬、越蛮夷多未平集，内难未弭，故权卑辞上书，求自改厉，“若罪在难除，必不见置，当奉还土地民人，乞寄命交州，以终余年。”文帝报曰：“君生于扰攘之际，本有从横之志，降身奉国，以享兹祚。自君策名已来，贡献盈路。讨备之功，国朝仰成。埋而掘之，古人之所耻。朕之与君，大义已定，岂乐劳师远临江汉？廊庙之议，王者所不得专；三公上君过失，皆有本末。朕以不明，虽有曾母投杼之疑，犹冀言者不信，以为国福。故先遣使者犒劳，又遣尚书、侍中践修前言，以定任子。君遂设辞，不欲使进，议者怪之。又前都尉浩周劝君遣子，乃实朝臣交谋，以此卜君，君果有辞，外引隗嚣遣子不终，内喻窦融守忠而已。世殊时异，人各有心。浩周之还，口陈指麾，益令议者发明众嫌，终始之本，无所据杖，故遂俯仰从群臣议。今省上事，款诚深至，心用慨然，凄怆动容。即日下诏，敕诸军但深沟高垒，不得妄进。若君必效忠节，以解疑议，登身朝到，夕召兵还。此言之诚，有如大江！”权遂改年，临江拒守。冬十一月，大风，范等兵溺死者数千，余军还江南。曹休使臧霸以轻船五百、敢死万人袭攻徐陵，烧攻城车，杀略数千人。将军全琮、徐盛追斩魏将尹卢，杀获数百。十二月，权使太中大夫郑泉聘刘备于白帝，始复通也。然犹与魏文帝相往来，至后年乃绝。是岁改夷陵为西陵。

【译文】

当初，孙权假托归服魏国，但不是真心实意的。魏国就派侍中辛毗、尚书桓阶前往东吴与孙权结盟立誓，并征召孙权的儿子去做人质，孙权百般推辞不接受。秋天九月，魏国就命令曹休、张辽、臧霸出兵洞口，曹仁出兵濡须坞，曹真、夏侯尚、张郃、徐晃围攻南郡。孙权派吕范等人总督五路大军，以水军抵御曹休等人，以诸葛瑾、潘璋、杨粲等人援救南郡，朱桓以濡须督的身份抗击曹仁。当时扬、越夷民大多还没有平定，内患还没有消除，所以孙权恭敬地向魏文帝上书，请求允许他改悔罪过，书中说：“如果我的罪行难以除去，不能被您赦免，我理当奉还土地和人民，请求寄身在交州，了却余生。”魏文帝回复说：“您生在天下大乱之际，本来就有纵横驰骋天下的大志，能屈身奉事魏国，应该长期享有福泽。从您被策封为吴王以来，奉献的贡品摆满了道路。讨伐刘备的功业，魏国是仰仗着您才取得成功。但像狐狸那样埋掘不定，古人也以为是可耻的。我与您君臣的名分已经确定，难道会乐于使军队劳苦远征江汉吗？朝廷讨论军国大事，做君主的也不能独断专行；三公上表奏报您的错误过失，都是有根有据的。我因为不贤明，虽有曾母投杼的疑虑，但还是希望大臣们所说的话都是不真实的，并以此为国家的幸事。所以我先派使者去犒劳您，又派遣尚书、侍中来跟您继续重温先前的誓言，并来与您商定送太子去做人质一事。您却借口推辞，不

诸葛瑾

想让太子前来，议论的大臣们都觉得很奇怪。又让前都尉浩周劝您送太子来，这实际上是大臣们共同的意见，以此来试探您的诚意如何，您果真借口推辞了，对外援引隗嚣送儿子给光武帝做人质却终于背叛的事例，对内比喻窦融虽不送儿子做人质却能做到忠守不渝。世道和时代不同了，人们也会各有打算。浩周回来后，亲口陈述您的意见，越发让议事的大臣们发现了对您的诸多疑虑，您所谓始终奉事魏国的保证，没有任何依据，所以我就只得同意了大臣们的意见，现在看了您所上的表，诚恳而深刻，内心非常感慨，以至于伤感动容。当日我即下诏书，命令各路军队只能深挖战壕，高筑壁垒，不能轻举妄动。如果您一定要表现出忠义和忠诚，来解除大家对您的疑虑，孙登早上来到魏国京都做人质，晚上我就下令让军队撤回。我这些话的诚意，就如同长江一样不可改变！”孙权于是改了年号，沿着长江防备魏军的进攻。冬天十一月，起了大风，吕范等部队的兵士被淹死了几千人，其余的军队就撤回了江南。曹休派臧霸率轻便的战船五百艘、敢死队一万人偷袭徐陵，烧掉了攻城的战车，杀掉了几千人。将军全琮、徐盛追杀魏将尹卢，斩杀俘获了几百人。十二月，孙权派太中大夫郑泉在白帝城拜访刘备，蜀、吴两国又开始恢复关系。然而孙权与魏文帝之间还互相有使者往来，到第二年才正式断绝了关系。这一年，孙权改夷陵为西陵。

【原文】

黄龙元年春，公卿百司皆劝权正尊号。夏四月，夏口、武昌并言黄龙、凤凰见。丙申，南郊即皇帝位，是日大赦，改年，追尊父破虏将军坚为武烈皇帝，母吴氏为武烈皇后，兄讨逆将军策为长沙桓王。吴王太子登为皇太子。将吏皆进爵加赏。初，兴平中，吴中童谣曰：“黄金车，班兰耳，闿昌门，出天子。”五月，使校尉张刚、管笃之辽东。六月，蜀遣卫尉陈震庆权践位。权乃参分天下，豫、青、徐、幽属吴，兖、冀、并、凉属蜀。其司州之土，以函谷关为界，造为盟曰：“……自今日汉、吴既盟之后，戮力一心，同讨魏贼，救危恤患，分灾共庆，好恶齐之，无或携贰。若有害汉，则吴伐之；若有害吴，则汉伐之。各守分土，无相侵犯。传之后叶，克终若始……”秋九月，权迁都建业，因故府不改馆，征上大将军陆逊辅太子登，掌武昌留事。

【译文】

黄龙元年（229） 春天，公卿大臣和各主管长官都劝孙权正式称帝。夏四月，夏口、武昌都传言黄龙、凤凰出现。十三日，孙权在南郊正式登基为帝，这天大赦，改年号。追谥父亲破虏将军孙坚为武烈皇帝，母亲吴氏为武烈皇后，哥哥讨逆将军孙策为长沙桓王，立吴王太子孙登为皇太子。将军官吏都进爵加赏。当初，汉献帝兴平年间，吴中一带有童谣说："黄金车，斑斓（车） 耳，打开昌门，走出天子。"五月，孙权派校尉张刚、管笃去辽东。六月，蜀国派卫尉陈震来庆贺孙权登上帝位，孙权就与蜀国使者商议分天下：豫、青、徐、幽四州属吴；兖、冀、并、凉四州属蜀。至于司州的土地，则以函谷关为界，关东属吴而关西属蜀。制定盟书说："……从今日蜀、吴结盟之后，将齐心合力，共同讨伐魏贼，扶危救难，有祸同当，有庆同贺，好恶一致，没有二心。如果有人危害蜀汉，那么吴国就讨伐他；如果有人危害吴国，那么蜀汉就讨伐他。各自守卫好自己的封土，互不侵犯。传于后代，始终如一……"秋九月，孙权迁都到建业，就住在原来的府第里，不再建筑新的宫殿，征召上大将军陆逊辅佐太子孙登，掌管迁都后武昌的遗留事宜。

孙 坚

【原文】

二年春正月，魏作合肥新城。诏立都讲祭酒，以教学诸子。遣将军卫温、诸葛直将甲士万人浮海求夷洲及亶洲。 亶洲在海中，长老传言秦始皇帝遣方士徐福将童男童女数千人入海，求蓬莱神山及仙药，止此洲不还。世相承有数万家，其上人民，时有至会稽货布，会稽东县人海行，亦有遭风流移至亶洲者。所在绝远，卒不可得至，但得夷洲数千人还。

【译文】

黄龙二年（230）正月，魏国修筑合肥新城。孙权下诏设立都讲祭酒，用以教育几个儿子。派遣将军卫温、诸葛直率领穿铠甲的兵士一万人航行海上寻求夷洲和亶洲。亶洲在海中，老年人传说秦始皇派遣方士徐福率童男童女几千人入海上，寻找蓬莱仙山和仙药，定居在亶洲没有回来。世代相传现在已有几万户人家，亶洲的百姓，时常有到会稽一带买卖布匹的，会稽东部地区的百姓航海，也有遇到大风漂流到亶洲的。亶洲极远，卫温等人终究没能到那儿，只带了几千夷洲人回来。

【原文】

（嘉禾）三年春正月，诏曰："兵久不辍，民困于役，岁或不登。其宽诸逋，勿复督课。"夏五月，权遣陆逊、诸葛瑾等屯江夏、沔口，孙韶、张承等向广陵、淮阳，权率大众围合肥新城。是时蜀相诸葛亮出武功，权谓魏明帝不能远出，而帝遣兵助司马宣王拒亮，自率水军东征。未至寿春，权退还，孙韶亦罢。秋八月，以诸葛恪为丹杨太守，讨山越。九月朔，陨霜伤谷。冬十一月，太常潘濬平武陵蛮夷，事毕，还武昌。诏复曲阿为云阳，丹徒为武进。庐陵贼李桓、罗厉等为乱。

【译文】

嘉禾三年（234） 正月，孙权下诏书说："战争长期不停，百姓苦于沉重的赋税徭役，年成时有歉收。要宽缓百姓各种拖欠的租税，不要再催促征收。"夏五月，孙权派陆逊、诸葛瑾等人率兵驻扎在江夏、沔口，孙韶、张承等人进军广陵、淮阳，孙权率大兵包围合肥新城。这时，蜀丞相诸葛亮率兵进攻武功，孙权认为魏明帝不可能率军到南方打仗，但是，魏明帝却派兵援助司马懿抵御诸葛亮，自己率水军东征。魏明帝还没到寿春，孙权就退兵回返，孙韶也停止进攻广陵。秋八月，孙权任命诸葛恪为丹杨太守，讨伐山越。九月初一，落霜冻坏稻谷。冬十一月，太常潘濬平定武陵蛮夷，平定武陵后，返回武昌。孙权下诏书恢复曲阿县为云阳县，丹徒县为武进县。庐陵的贼寇李桓、罗厉等人开始叛乱。

【原文】

（神凤元年）夏四月，权薨，时年七十一，谥曰大皇帝。秋七月，葬蒋陵。

【译文】

神凤元年（252） 夏天四月，孙权去世，时年七十一岁，加谥号为大皇帝。秋天七月，安葬于蒋陵。

周　瑜　传

【提要】

周瑜(175—210)，字公瑾。庐江舒县(今安徽庐江西南)人，士族出身，少时与孙策为友，后为建威中郎将，帮助孙策在江东创建孙氏政权。孙策死，辅佐孙权，任大都督。208年，曹操率军南下，他坚决主战，并亲率吴军大破曹兵于赤壁。后病死。

【原文】

周瑜字公瑾，庐江舒人也。从祖父景，景子忠，皆为汉太尉。父异，洛阳令。

【译文】

周瑜字公瑾，庐江郡舒县人。堂祖父周景、周景子周忠，都曾任汉朝的太尉。父亲周异，曾任洛阳县令。

【原文】

瑜长壮有姿貌。初，孙坚兴义兵讨董卓，徙家于舒。坚子策与瑜同年，独相友善，瑜推道南大宅以舍策，升堂拜母，有无通共。瑜从父尚为丹杨太守，瑜往省之。会策将东渡，到历阳，驰书报瑜，瑜将兵迎策。策大喜曰：“吾得卿，谐也。”遂从攻横江、当利，皆拔之。乃渡江击秣陵，破笮融、薛礼，转下湖孰、江乘，进入曲阿，刘繇奔走，而策之众已数万矣。因谓瑜曰：“吾以此众取吴会、平山越已足。卿还镇丹杨。”瑜还。顷之，袁术遣从弟胤代尚为太守，而瑜与尚俱还寿春。术欲以瑜为将，瑜观术终无所成，故求为居巢长，欲假涂东归，术听之。遂自居巢还吴。是岁，建安三年也。策亲自迎瑜，授建威中郎将，即与兵二千人，骑五十匹。瑜时年二十四，吴中皆呼为周郎。以瑜恩信著于庐江，出备牛

渚，后领春谷长。顷之，策欲取荆州，以瑜为中护军，领江夏太守，从攻皖，拔之。时得桥公两女，皆国色也。策自纳大桥，瑜纳小桥。复进寻阳，破刘勋，讨江夏，还定豫章、庐陵，留镇巴丘。

【译文】

周瑜长得高大健壮，容貌出众。起初，孙坚发动义兵讨董卓，把家迁到舒县。他的儿子孙策和周瑜同年，两人的友情特别亲密。周瑜把路南的大宅让给孙策住，彼此升堂拜母，亲如一家，共通有无。周瑜的堂叔周尚任丹杨太守，周瑜前去看望他。正好这时孙策将要东渡大江，到了历阳，快马带信告诉周瑜，周瑜带兵去迎接孙策。孙策大喜，说："我有了你，事就成了。"于是跟随孙策进攻横江渡、当利口，都攻下了。进而渡江打秣陵，攻破笮融、薛礼，转而拿下湖孰、江乘二县，进入曲阿，刘繇逃走，这时孙策的人马已经有几万了。于是孙策对周瑜说："我用这支队伍攻取吴郡、会稽郡，平定山越，已经足够了，你回去镇守丹杨。"周瑜就回去了。不久，袁术派堂弟袁胤代替周尚做丹杨太守，因此周瑜与周尚一起回到寿春。袁术想用周瑜做将领，周瑜看出袁术终究不会有什么成就，所以请求当居巢县长，想借路东归，袁术同意。于是从居巢回到吴县。这一年是建安三年（198）。孙策亲自迎接周瑜，任命他做建威中郎将，当即给他士兵二千人、战马五十匹。周瑜当时二十四岁，吴地人都叫他"周郎"。由于他在庐江一带很有恩惠威信，因此孙策让他前往守备牛渚，后来又兼任春谷县长。不久，孙策想要夺取荆州，任他为中护军，兼领江夏太守，又随孙策攻克皖县。其时得到乔公的两个女儿，都是全国最美的女子，孙策自己娶了大乔，周瑜娶了小乔。又进军寻阳，打垮庐江太守刘勋，征讨江夏，回兵平定豫章、庐陵，留镇巴丘县。

大乔　小乔

【原文】

五年，策薨，权统事。瑜将兵赴丧，遂留吴，以中护军与长史张昭共掌众事。十一年，督孙瑜等讨麻、保二屯，枭其渠帅，囚俘万余口，还备宫亭。江夏太守黄祖遣将邓龙将兵数千人入柴桑，瑜追讨击，生虏龙送吴。

【译文】

建安五年（200），孙策死，孙权统事。周瑜从巴丘带兵前去奔丧，就留在吴县，作为中护军同长史张昭一起掌管孙权府中的各种事务。建安十一年（206），统率孙瑜等讨伐麻、保二屯，将其首领斩首示众，俘虏一万余口，回来后驻防宫亭。刘表的江夏太守黄祖派部将邓龙带兵数千人入柴桑，周瑜追击，活捉邓龙并送到吴县。

【原文】

十三年春，权讨江夏，瑜为前部大督。其年九月，曹公入荆州，刘琮举众降，曹公得其水军，船步兵数十万，将士闻之皆恐。权延见群下，问以计策。议者咸曰："曹公豺虎也，然托名汉相，挟天子以征四方，动以朝廷为辞，今日拒之，事更不顺。且将军大势可以拒操者，长江也。今操得荆州，奄有其地，刘表治水军，蒙冲斗舰，乃以千数，操悉浮以沿江，兼有步兵，水陆俱下，此为长江之险，已与我共之矣。而势力众寡，又不可论。愚谓大计不如迎之。"瑜曰："不然，操虽托名汉相，其实汉贼也。将军以神武雄才，兼仗父兄之烈，割据江东，地方数千里，兵精足用，英雄乐业，尚当横行天下，为汉家除残去秽。况操自送死，而可迎之邪？请为将军筹之：今使北土已安，操无内忧，能旷日持久，来争疆埸，又能与我校胜负于船楫间乎？今北土既未平安，加马超、韩遂尚在关西，为操后患。且舍鞍马，仗舟楫，与吴越争衡，本非中国所长，又今盛寒，马无藁草，驱中国士众远涉江湖之间，不习水土，必生疾病。此数四者，用兵之患也，而操皆冒行之。将军禽操，宜在今日。瑜请得精兵三万人，进住夏口，保为将军破之。"权曰："老贼欲废汉自立久矣，徒忌二袁、吕布、刘表与孤耳。今数雄已灭，惟孤尚存，孤与老贼，势不两立。君言当击，甚与孤合，此天以君授孤也。"

周 瑜

【译文】

建安十三年（208） 春，孙权征江夏，周瑜任前部大督。这年九月，曹公入荆州，刘琮率部投降，曹公得到他的水军、战船、步兵数十万，将士听说后都很惊恐。孙权召见属官们，询问计策。参加讨论的人都说："曹操像豺虎一样凶恶，但他是假托汉朝丞相的名义，挟持天子以征讨四方，动辄以朝廷为借口。现在我们同他对抗，就会更不顺理。而且从大势来看，您可以抗拒曹操的，只有长江。现今曹操得到荆州，尽有其地；刘表建立的水军，蒙冲、斗舰数以千计，曹操全部放到沿江一带，加之有步兵，水陆俱下，这说明长江的天险，已与我方共享。至于双方兵力的众寡，更不可相提并论。我们认为最好的计策是不如迎接他。"周瑜说："不对。曹操虽托名汉相，其实是汉朝的奸贼。将军凭着您的神威雄才，兼仗父兄的遗业，割据江东，地方数千里，兵力精强，资财充足，英雄之士都乐于跟随您建功立业，因此您本来就应当横行天下，为汉朝驱除奸贼，扫清污秽，何况现在曹操自己来送死，怎么可以投降他呢？请允许我替您分析一下当前的形势和我们的对策。假定现在北方已经安定，曹操没有内忧，能够旷日持久来争夺疆土，那么他能与我方在舟船之间较量胜负吗？何况现在北方既未平安，加上马超、韩遂还在关西，成为曹操的后患。而且舍弃鞍马，使用舟船，来与江东争胜负，这本来就不是中原军队的擅长。另外，现在正是严寒的冬天，战马没有草料；驱迫中原的兵士来到遥远的江湖之间，不习水土，必生疾病。以上这几种情况，乃是用兵的忧患，而曹操却置之不顾，冒险行事。您要捉拿曹操，正应在此时。我请求给予精兵三万，进驻夏口，保证为您打败他。"孙权说："老贼想要废除汉朝、自立为皇帝已经很久了，只不过顾忌袁绍、袁术、吕布、刘表和我罢了。现在诸雄已被消灭，只有我还在，我与老贼势不两立。您说应当打，同我的想法很相合，这是上天把您送给我啊。"

【原文】

时刘备为曹公所破，欲引南渡江，与鲁肃遇于当阳，遂共图计，因进住夏口，遣诸葛亮诣权。权遂遣瑜及程普等与备并力逆曹公，遇于赤壁。时曹公军众已有

疾病，初一交战，公军败退，引次江北。瑜等在南岸。瑜部将黄盖曰："今寇众我寡，难与持久。然观操军船舰，首尾相接，可烧而走也。"乃取蒙冲斗舰数十艘，实以薪草，膏油灌其中，裹以帷幕，上建牙旗，先书报曹公，欺以欲降。又豫备走舸，各系大船后，因引次俱前。曹公军吏士皆延颈观望，指言盖降。盖放诸船，同时发火。时风盛猛，悉延烧岸上营落。顷之，烟炎张天，人马烧溺死者甚众，军遂败退，还保南郡。备与瑜等复共追。曹公留曹仁等守江陵城，径自北归。

【译文】

当时刘备被曹公打败，想向南撤退渡过长江，与鲁肃在当阳相遇，于是共同谋划计策，随后进驻夏口，派诸葛亮去会见孙权。孙权便派周瑜及程普等与刘备并力迎击曹公，在赤壁相遇。当时曹公的军队已有疾病，刚一交战，曹公军败，退驻江北，周瑜等在南岸。周瑜的部将黄盖说："现今敌众我寡，很难同他长期抗衡。但我看曹操军队的船舰首尾相连，可放火焚烧使他败走。"于是取蒙冲斗舰数十艘，装满柴草，把油脂灌入里面，外用帷幕包裹，上面插牙旗，事先写信告诉曹公，假称想去投降。又预备快船，分别系在大船之后，依次前进。曹公军中兵士都伸长脖子观望，议论着黄盖前来投降之事。黄盖放出的各条船只，同时点火。当时风刮得很猛，船上的火全都延烧到岸上的军营。不一会儿，烟焰满天，人马被烧或溺水而死的很多，曹公军败退，回守南郡。刘备与周瑜等又一起追击。曹公留曹仁等守江陵城，自己直接回北方去了。

赤壁纵火

【原文】

瑜与程普又进南郡，与仁相对，各隔大江。兵未交锋，瑜即遣甘宁前据夷陵。仁分兵骑别攻围宁。宁告急于瑜，瑜用吕蒙计，留凌统以守其后，身与蒙上救宁。宁围既解，乃渡屯北岸，克期大战。瑜亲跨马擽陈，会流矢中右胁，疮甚，便还。后仁闻瑜卧未起，勒兵就陈。瑜乃自兴，案行军营，激扬吏士，仁由是遂退。

权拜瑜偏将军，领南郡太守。以下隽、汉昌、刘阳、州陵为奉邑，屯据江陵。

【译文】

周瑜与程普又进兵南郡，与曹仁相对，各隔大江。军队还没有交锋，周瑜就派甘宁前去占据夷陵。曹仁分派步骑进攻并包围甘宁，甘宁向周瑜告急。周瑜用吕蒙的计策，留凌统守后方，自己与吕蒙溯江而上援救甘宁。把甘宁的包围解除之后，便渡江驻扎北岸，约定日期大战。周瑜亲自跨马冲击敌阵，恰巧被流矢射中右胁，伤势很重，就回营了。后来曹仁听说周瑜卧床未起，部署军队来到阵前。周瑜便亲自起来，巡查军营，激励将士，曹仁因而退兵。

孙权任命周瑜为偏将军，兼南郡太守，以下隽、汉昌、刘阳、州陵四县作为他的奉邑，驻守江陵。

【原文】

刘备以左将军领荆州牧，治公安。备诣京见权，瑜上疏曰："刘备以枭雄之姿，而有关羽、张飞熊虎之将，必非久屈为人用者。愚谓大计宜徙备置吴，盛为筑宫室，多其美女玩好，以娱其耳目，分此二人，各置一方，使如瑜者得挟与攻战，大事可定也。今猥割土地以资业之，聚此三人，俱在疆埸，恐蛟龙得云雨，终非池中物也。"权以曹公在北方，当广揽英雄，又恐备难卒制，故不纳。

【译文】

当时刘备以左将军兼荆州牧，州治设在公安。刘备到京城去见孙权，周瑜上疏说："刘备是一个骁悍雄杰的人物，而又有关羽、张飞两名猛如熊虎的大将，必定不是长久屈服听人使唤的人。我认为最好的计策是应当把他迁到吴郡安置，替他广筑宫室，多给他美女珍玩，使他有声色的娱乐；分开关、张二人，各置一方，让像我这样的将领控制他们并与之攻战，大事就可以稳妥了。如果随便割让土地以资助他们的事业，把这

周　瑜

三个人都聚集在疆界上，恐怕蛟龙得到了云雨，永远也不会再在水池中生活啊。”孙权因为曹公在北方，应当广泛招揽英雄，又恐怕刘备一时难以控制，所以没有采纳周瑜的意见。

【原文】

是时刘璋为益州牧，外有张鲁寇侵，瑜乃诣京见权曰：“今曹操新折衄，方忧在腹心，未能与将军连兵相事也。乞与奋威俱进取蜀，得蜀而并张鲁，因留奋威固守其地，好与马超结援。瑜还与将军据襄阳以蹙操，北方可图也。”权许之。瑜还江陵为行装，而道于巴丘病卒，时年三十六。权素服举哀，感动左右。丧当还吴，又迎之芜湖，众事费度，一为供给。后著令曰：“故将军周瑜、程普，其有人客，皆不得问。”

【译文】

这时，刘璋任益州牧，外面受到张鲁的侵扰，周瑜到京口见孙权，说：“现在曹操新遭挫败，正担忧自己内部不稳，还不可能与您用兵争战。因此我请求与奋威将军一起进兵取蜀，得了蜀又兼并张鲁，然后留奋威将军固守蜀地，结好马超，互相支援，我回来为您占据襄阳以威胁曹操，北方就可以谋取了。”孙权赞同他的意见。周瑜回江陵准备行装，但在路经巴丘时病死，年仅三十六岁。孙权身着丧服哀吊痛哭，感动左右。周瑜的遗体将运回吴郡时，孙权又亲到芜湖迎接，办理丧事所需的各项费用，全由公家供给。后来又定下法令说：“已故将军周瑜、程普，他们家所有的人和田客，一律免征赋役，官府不得过问。”

刘　璋

【原文】

初瑜见友于策，太妃又使权以兄奉之。是时权位为将军，诸将宾客为礼尚简，而瑜独先尽敬，便执臣节。性度恢廓，大率为得人，惟与程普不睦。

瑜少精意于音乐，虽三爵之后，其有阙误，瑜必知之，知之必顾，故时人谣曰："曲有误，周郎顾。"

【译文】

起初，孙策同周瑜结为朋友，孙策的母亲又叫孙权将他当作兄长。当时孙权的职位只是将军，他下面的将领宾客对他的礼节还很简单，而周瑜独自极其恭敬，已用臣下的礼节事奉孙权。他性情豁达，度量宽弘，大体上是得人心的，只是与程普不和睦。

周瑜年少时曾精心学习音乐，即使饮酒三盅之后，如果演奏乐曲的人一有错误，他必定会听出，一听出必定要回顾，所以当时人有句谚语说："曲有误，周郎顾。"

吕　蒙　传

【提要】

吕蒙(178—220)，东汉末孙权部将。字子明，汝南富陂(今安徽阜南东南)人。累官至左护军、虎威将军。曾参与赤壁大战，大破曹军。汉献帝建安二十二年(217)，献计孙权，遣使暗通曹魏，袭占荆州，擒杀关羽。以功授南郡太守，封孱陵侯。

【原文】

吕蒙字子明，汝南富陂人也。少南渡，依姊夫邓当。当为孙策将，数讨山越。蒙年十五六，窃随当击贼，当顾见大惊，呵叱不能禁止。归以告蒙母，母恚欲罚之，蒙曰："贫贱难可居，脱误有功，富贵可致。且不探虎穴，安得虎子？"母哀而舍之。时当职吏以蒙年小轻之，曰："彼竖子何能为？此欲以肉喂虎耳。"他日与蒙会，又蚩辱之。蒙大怒，引刀杀吏，出走，逃邑子郑长家。出因校尉袁雄自首，承间为言，策召见奇之，引置左右。

【译文】

吕蒙字子明，汝南郡富陂县人。少年时南渡长江，依附姐夫邓当。邓当是孙策的部将，多次讨伐山越。吕蒙十五六岁时，暗中跟随邓当去攻击敌军，邓当回头看见吕蒙，大吃一惊，大声呵斥他，也不能阻止。回来后邓当将这件事告诉了吕蒙的母亲，他母亲非常生气，想处罚他，吕蒙说："贫贱的生活难以维持，万一我从军立功，就能得到富贵。再说，不入虎穴，怎得虎子呢？"他的母亲怜惜他的志向而宽恕了他。当时邓当部下一个官吏认为吕蒙年纪小而轻视他，说："吕蒙那小子有什么能耐？这是想拿肉来喂虎而已。"过些日子与吕蒙相见，又侮辱他。吕蒙非常愤怒，拔出刀就杀了那个小吏，杀完后吕蒙就逃跑了，逃到同乡郑长家里躲避起来。后来又通过校尉袁雄出来自首，袁雄趁机为他向孙策求情，孙策召见吕蒙，觉得他很特别，便把他安置在身边。

吕 蒙

【原文】

数岁，邓当死，张昭荐蒙代当，拜别部司马。权统事，料诸小将兵少而用薄者，欲并合之。蒙阴赊贳，为兵作绛衣行縢，及简日，陈列赫然，兵人练习，权见之大悦，增其兵。从讨丹杨，所向有功，拜平北都尉，领广德长。

从征黄祖，祖令都督陈就逆以水军出战。蒙勒前锋，亲枭就首，将士乘胜，进攻其城。祖闻就死，委城走，兵追禽之。权曰："事之克，由陈就先获也。"以蒙为横野中郎将，赐钱千万。

是岁，又与周瑜、程普等西破曹公于乌林，围曹仁于南郡。益州将袭肃举军来附，瑜表以肃兵益蒙，蒙盛称肃有胆用，且慕化远来，于义宜益不宜夺也。权善其言，还肃兵。瑜使甘宁前据夷陵，曹仁分众攻宁，宁困急，使使请救。诸将以兵少不足分，蒙谓瑜、普曰："留凌公绩，蒙与君行，解围释急，势亦不久，蒙保公绩能十日守也。"又说瑜分遣三百人柴断险道，贼走可得其马。瑜从之。军到夷陵，即日交战，所杀过半。敌夜遁去，行遇柴道，骑皆舍马步走。兵追蹙击，获马三百匹，方船载还。于是将士形势自倍，乃渡江立屯，与相攻击，曹仁退走，遂据南郡，抚定荆州。还，拜偏将军，领寻阳令。

甘 宁

【译文】

几年后，邓当去世，张昭举荐吕蒙代替邓当领兵，任命为别部司马。孙权统领军政事务后，考虑到一些小将兵员少而费用不足，要合并他们。吕蒙暗中借了一笔钱，为士兵们做了大红色的衣服和绑腿，等到检阅的那天，吕蒙的部队队列整齐威武，士兵人人都能操练，孙权见了非常高兴，于是就给吕蒙增补了兵员。吕蒙跟随孙权讨伐丹杨，屡建战功，孙权提升他为平北都尉，兼任广德县长。

跟从孙权征讨黄祖时，黄祖命令都督陈就率领水军迎战。吕蒙率领前锋部队，亲自将陈就斩首，将士们乘胜进攻黄祖的城池。黄祖听说陈就被杀了，就弃城逃跑，兵士们追击捉到了他。孙权说："这次战事的成功，是由于先捉住了陈就。"于是晋升吕蒙为横野中郎将，赏赐钱一千万。

这一年，吕蒙又与周瑜、程普等人向西在乌林打败曹操，在南郡围困曹仁。益州将领袭肃率领全军前来归附东吴，周瑜上表建议将袭肃的部队增补给吕蒙，吕蒙盛称袭肃有胆略才干，且仰慕教化远来归附，从道义上讲，应该增加他的兵员，而不应该夺取他的兵员。孙权认为吕蒙说得很对，就把部队归还给了袭肃。周瑜派遣甘宁前去占领夷陵，曹仁分派一部分部队进攻甘宁，甘宁被围困，情况危急，便派遣使者请求援助。众将领认为兵力不足，不能再分兵去解救甘宁，吕蒙对周瑜、程普说："让凌公绩留守，我与你们去解救甘宁，按这种形势，估计时间不会太久，我保证凌公绩能坚守十天。"又劝说周瑜分派三百人去用木柴阻断险路，敌人逃跑时可得到他们的马匹。周瑜听从了吕蒙的建议。部队到了夷陵，当天就与曹仁交战，杀伤敌人过半。敌人乘夜逃跑，半路上遇到用木柴阻塞的道路，都弃马徒步逃走。吴军紧跟追击，缴获马三百匹，将船只并起来把马载回。于是将士们气势倍增，就渡江建立据点，进攻敌人，曹仁后退逃走，吴军又占据了南郡，安抚平定了荆州。吕蒙回京后，被提升为偏将军，兼任寻阳县令。

【原文】

鲁肃代周瑜，当之陆口，过蒙屯下。肃意尚轻蒙，或说肃曰："吕将军功名日显，不可以故意待也，君宜顾之。"遂往诣蒙。酒酣，蒙问肃曰："君受重任，与关羽为邻，将何计略，以备不虞？"肃造次应曰："临时施宜。"蒙曰："今东西虽为一家，而关羽实熊虎也。计安可不豫定？"因为肃画五策。肃于是越席就之，拊其背曰："吕子明，吾不知卿才略所及乃至于此也。"遂拜蒙母，结友而别。

时蒙与成当、宋定、徐顾屯次比近，三将死，子弟幼弱，权悉以兵并蒙。蒙固辞，陈启顾等皆勤劳国事，子弟虽小，不可废也。书三上，权乃听。蒙于是又为择师，使辅导之，其操心率如此。

魏使庐江谢奇为蕲春典农，屯皖田乡，数为边寇。蒙使人诱之，不从，则伺隙袭击，奇遂缩退，其部伍孙子才、宋豪等，皆携负老弱，诣蒙降。后从权拒曹公于濡须，数进奇计，又劝权夹水口立坞，所以备御甚精，曹公不能下而退。

曹公遣朱光为庐江太守，屯皖，大开稻田，又令间人招诱鄱阳贼帅，使作内应。蒙曰："皖田肥美，若一收孰，彼众必增，如是数岁，操态见矣，宜早除之。"乃具陈其状。于是权亲征皖，引见诸将，问以计策。蒙乃荐甘宁为升城督，督攻在前，蒙以精锐继之。侵晨进攻，蒙手执枹鼓，士卒皆腾踊自升，食时破之。既而张辽至夹石，闻城已拔，乃退。权嘉其功，即拜庐江太守，所得人马皆分与之，别赐寻阳屯田六百人，官属三十人。蒙还寻阳，未期而庐陵贼起，诸将讨击不能禽，权曰："鸷鸟累百，不如一鹗。"复令蒙讨之。蒙至，诛其首恶，余皆释放，复为平民。

【译文】

鲁肃代替周瑜后，要去陆口，路过吕蒙的军营。鲁肃有些轻视吕蒙，有人劝说鲁肃说："吕将军功名日益显赫，不能用老眼光看待他，您应当去拜访他。"于是鲁肃就去拜访吕蒙。酒喝到酣畅时，吕蒙问鲁肃："您受重任，与关羽邻接，将要采取何种策略，以防止意想不到的事情发生呢？"鲁肃很随便地回答说："临时看情况办。"吕蒙说："现在吴和蜀虽然是一家，但关羽实在是个如熊虎一样的将领，怎么不预定计谋呢？"因此给鲁肃策划了五条计策。于是鲁肃越席走到吕蒙身边，拍着他的背说："吕子明，我真没想到您的才能谋略竟达到了如此程度。"于是就去拜见吕蒙的母亲，与他结成朋友才告别。

当时吕蒙的军营与成当、宋定、徐顾的军营相邻接，这三位将军战死之后，因为子弟幼弱，孙权想把他们的军队全部合并给吕蒙。吕蒙坚决推辞，并上书说，徐顾等将军都为国家的事情辛勤操劳，他们的子弟虽然还小，但不能废弃。连续三次上书，孙权才答应了。于是吕蒙又给这三位将军的子弟选择老师，让老师辅导教育他们，他为人操心办事，大都是这样。

魏国派庐江人谢奇任蕲春典农都尉，在皖县屯垦田地，多次侵犯边境。吕蒙派人去引诱他投降，他没有答应。吕蒙就寻找机会袭击他，于是谢奇退缩回去了，他的部下孙子才、宋豪等人都扶老携幼，向吕蒙投降。后来吕蒙又跟随孙权在濡须抗击曹操，屡次进献奇计，又劝孙权在濡须口两面建造堡坞，防御敌人的工作做得很精细，曹操攻占不下就退回去了。

曹操委派朱光为庐江太守，驻扎在皖县，大力开垦稻田，吕蒙又指使间谍引诱招降鄱阳贼兵的首领，让他们充当内应。吕蒙说："皖县的田地肥沃，如果一旦稻谷成熟收割，他们的兵员一定会增加，这样几年下来，曹操的态度就会显露出来，应该早点除掉他们。"就详细地陈述了该地情况。于是孙权亲自率兵征讨皖县，召见各位将领，询问用什么计策。吕蒙就推荐甘宁任升城督，在前线督攻，吕蒙率领精锐部队紧随其后。凌晨时分开始进攻，吕蒙亲自手执槌击鼓，士卒们兴奋异常，奋勇登城，到了吃早饭时，就攻破了皖县。随后张辽进军到夹石，听说皖县城已被攻克，就退兵回去了。孙权嘉奖吕蒙的功劳，任命他为庐江太守，缴获的兵卒和车马都分给了他，另外又赐给他寻阳屯田客六百人、属官三十人。吕蒙回到寻阳，

甘宁劫营

没到一年庐陵的贼寇作乱，诸将领征伐攻击没能擒获，孙权说：“鸷鸟上百只，也不如一只大鹏。”又命令吕蒙讨伐贼寇。吕蒙到了庐陵，杀掉了贼寇的首领，其余的人都被释放，恢复了他们平民的身份。

【原文】

是时刘备令关羽镇守，专有荆土，权命蒙西取长沙、零、桂三郡。蒙移书二郡，望风归服，惟零陵太守郝普城守不降。而备自蜀亲至公安，遣羽争三郡。权时住陆口，使鲁肃将万人屯益阳拒羽，而飞书召蒙，使舍零陵，急还助肃。初，蒙既定长沙，当之零陵，过酃，载南阳邓玄之，玄之者郝普之旧也，欲令诱普。及被书当还，蒙秘之，夜召诸将，授以方略，晨当攻城，顾谓玄之曰：“郝子太闻世间有忠义事，亦欲为之，而不知时也。左将军在汉中，为夏侯渊所围。关羽在南郡，今至尊身自临之。近者破樊本屯，救酃，逆为孙规所破。此皆目前之事，君所亲见也。彼方首尾倒悬，救死不给，岂有余力复营此哉？今吾士卒精锐，人思致命，至尊遣兵，相继于道。今子太以旦夕之命，待不可望之救，犹牛蹄中鱼，冀赖江汉，其不可恃亦明矣。若子太必能一士卒之心，保孤城之守，尚能稽延旦夕，以待所归者，可也。今吾计力度虑，而以攻此，曾不移日，而城必破，城破之后，身死何益于事，而令百岁老母，戴白受诛，岂不痛哉？度此家不得外问，谓援可恃，故至于此耳。君可见之，为陈祸福。”玄之见普，具宣蒙意，普惧而听之。玄之先出报蒙：普寻后当至。蒙豫敕四将，各选百人，普出，便入守城门。须臾普出，蒙迎执其手，与俱下船。语毕，出书示之，因拊手大笑。普见书，知备在公安而羽在益阳，惭恨入地。蒙留孙皎，委以后事，即日引军赴益阳。刘备请盟，权乃归普等，割湘水，以零陵还之。以寻阳、阳新为蒙奉邑。

师还，遂征合肥，既撤兵，为张辽等所袭，蒙与凌统以死捍卫。后曹公又大出濡须，权以蒙为督，据前所立坞，置强弩万张于其上，以拒曹公。曹公前锋屯未就，蒙攻破之，曹公引退。拜蒙左护军、虎威将军。

【译文】

这时，刘备占有了荆州的全部土地，让关羽镇守荆州，孙权命令吕蒙领兵向西攻取长沙、零陵、桂阳三郡。吕蒙传递劝降的文书给长沙、桂阳二郡，二郡守将望风归降东吴，只有零陵太守郝普守城不降。刘备亲自从西蜀来到公安，派遣关羽争夺这三个郡。当时孙权驻扎在陆口，派遣鲁肃率领一万人驻扎在益阳抵御关羽，派人送快信给吕蒙，让他舍弃零陵，急速返回益阳援助鲁肃。当初，吕蒙平定长沙郡之后，要去零陵郡，经过酃县时，南阳人邓玄之与他同车，邓玄之是郝普的老朋友，吕蒙想让他诱郝普投降。接到孙权的信后，吕蒙将来信秘而不宣，夜里召集手下将领，布置计谋策略，议定第二日早晨攻打零陵城，又对邓玄之说："郝子太知道世间有忠义之事，也想这样做，可是不识时机，左将军刘备在汉中，被夏侯渊所围困。关羽在南郡，现在我主孙权也亲自到了南郡。近来攻破了樊城关羽的大本营，解救了酃县，关羽已被孙规打败，这都是最近发生的事，您是亲眼所见的。他们现在正是首尾倒悬，救命都来不及，难道还有余力再营救零陵吗？如今我们的士卒都很精锐，人人都想拼命作战，主上孙权正调遣兵力，现在正在路上前进。如今子太的性命朝夕难保，而等待望不到的救兵，就像牛脚印积水中的鱼，想依赖长江、汉水的救济，其不可靠也是很明了的。子太如果能使士卒齐心，能坚守孤城，勉强延些时日，以等待以后有所投靠，这还可以。问题是现在我集中兵力全心全意来攻城，过不了一天，就一定会破城，城破之后，自己身死于事又有什么益处，而让百岁老母，满头白发被杀，岂不痛心吗？我猜想郝普得不到外面的消息，认为援军可到，所以才到了今天这个地步。您可以去见他，为他陈述这种利害关系。"邓玄之去见郝普，详细地叙述了吕蒙的意见，郝普由于惧怕而听从了。邓玄之先出城向吕蒙汇报，说明郝普随后就会来到。吕蒙预先告诉四位将领，各挑选一百人，等郝普一出城，立即进去守住城门。不一会郝普出了城，吕蒙迎上去执手问候，和他一起下船。寒暄完毕，取出孙权写的信给郝普看，拍手大笑。郝普看了信，这才知道刘备驻扎在公安，关羽驻扎在益阳，距离自己并不远，自觉惭愧，无地自容。吕蒙留下孙皎，把后事委托给他，当天便率领军队赶赴益阳。刘备请求与孙权和好结盟，孙权于是归还了郝普等人，以湘水为界，把零陵郡还给了刘备。又以寻阳、阳新作为吕蒙的封邑。

吕蒙率军回师，就去征讨合肥，撤军途中，被张辽等人袭击，吕蒙与凌统拼死保卫孙权。后来曹操又向濡须大举进军，孙权任命吕蒙为都督，据守以前所建的堡坞，在上面设置一万把强弩，以抵御曹操。在曹操军队的前锋安营未稳之际，吕蒙便攻击并击败了他们，曹操率军退了回去。因此，孙权任命吕蒙为左护军、虎威将军。

【原文】

鲁肃卒，蒙西屯陆口，肃军人马万余尽以属蒙。又拜汉昌太守，食下隽、刘阳、汉昌、州陵。与关羽分土接境，知羽骁雄，有并兼心，且居国上流，其势难久。初，鲁肃等以为曹公尚存，祸难始构，宜相辅协，与之同仇，不可失也，蒙乃密陈计策曰：“今令征虏守南郡，潘璋住白帝，蒋钦将游兵万人，循江上下，应敌所在，蒙为国家前据襄阳，如此，何忧于操，何赖于羽？且羽君臣，矜其诈力，所在反复，不可以腹心待也。今羽所以未便东向者，以至尊圣明，蒙等尚存也。今不于强壮时图之，一日僵仆，欲复陈力，其可得邪？”权深纳其策，又聊复与论取徐州意，蒙对曰：“今操远在河北，新破诸袁，抚集幽、冀，未暇东顾。徐土守兵，闻不足言，往自可克。然地势陆通，骁骑所骋，至尊今日得徐州，操后旬必来争，虽以七八万人守之，犹当怀忧。不如取羽，全据长江，形势益张。”权尤以此言为当。及蒙代肃，初至陆口，外倍修恩厚，与羽结好。

【译文】

鲁肃死后，吕蒙向西驻扎在陆口，孙权把鲁肃的军队一万多人全部归属吕蒙统率。又任他为汉昌太守，以下隽、刘阳、汉昌、州陵四县作为他的食邑。与关羽的辖境相邻，吕蒙知道关羽骁勇雄健，有兼并东吴的野心，同时关羽所占的土地又处于东吴的上游，结盟和好，分土而治的形势很难持久。起初，鲁肃等人认为曹操还在，对双方都构成威胁，应该互相帮助，同仇敌忾，不可失去这个盟友。于是吕蒙秘密向孙权陈述计策说：“让征虏将军孙皎守南郡，潘璋驻守白帝城，蒋钦率领游动兵力一万人，沿长江上下行动，随时可以应付敌人，吕蒙为国家前去占据襄阳，这样的话，曹操有什么可忧？又有什么可依赖关羽的呢？而且关羽君臣，依仗他们自己的欺骗手段和武力，经常反复，不能够把他们当作心腹。如今关羽所以不便向东出兵的原因，是因为至尊您的圣明，吕蒙等人还活着。现在不于我们正强壮时谋取他们，一旦我们死去，再想要用力，还能办得到吗？”孙权采纳了他的全部计策，又顺便和他商议起攻取徐州的意图，吕蒙回答说：“如今曹操在黄河以北，新近打败了袁熙、袁尚等人，安抚平定了幽州、冀州，没有空暇顾及东面。徐州境内防守的兵士听说力量微不足道，只要去进攻，自然可以攻克。然而徐州的地势，只通陆路，是骁勇的骑兵驰骋的地方，至尊您今日得到徐州，十天内曹操就会来争夺，虽然用七八万人来坚守它，还是值得忧虑的。不如攻取关羽，占据全部长江流域，势力就会更加壮大。”孙权认为他的这些分析很得当。等到吕蒙代替鲁肃领兵，初到陆口驻扎时，就在表面上给予关羽的恩惠愈来愈厚重，似乎想与关羽友好交往。

【原文】

后羽讨樊，留兵将备公安、南郡。蒙上疏曰：“羽讨樊而多留备兵，必恐蒙图其后故也。蒙常有病，乞分士众还建业，以治疾为名。羽闻之，必撤备兵，尽赴襄阳。大军浮江，昼夜驰上，袭其空虚，则南郡可下，而羽可擒也。”遂称病笃，权乃露檄召蒙还，阴与图计。羽果信之，稍撤兵以赴樊。魏使于禁救樊，羽尽禽禁等，人马数万，托以粮乏，擅取湘关米。权闻之，遂行，先遣蒙在前。蒙至寻阳，尽伏其精兵𦪇𦨴中，使白衣摇橹，作商贾人服，昼夜兼行，至羽所置江边屯候，尽收缚之，是故羽不闻知。遂到南郡，士仁、麋芳皆降。蒙入据城，尽得羽及将士家属，皆抚慰，约令军中不得干历人家，有所求取。蒙麾下士，是汝南人，取民家一笠，以覆官铠，官铠虽公，蒙犹以为犯军令，不可以乡里故而废法，遂垂涕斩之。于是军中震栗，道不拾遗。蒙旦暮使亲近存恤耆老，问所不足，疾病者给医药，饥寒者赐衣粮。羽府藏财宝，皆封闭以待权至。羽还，在道路，数使人与蒙相闻，蒙辄厚遇其使，周游城中，家家致问，或手书示信。羽人还，私相参讯，咸知家门无恙，见待过于平时，故羽吏士无斗心。会权寻至，羽自知孤穷，乃走麦城，西至漳乡，众皆委羽而降。权使朱然、潘璋断其径路，即父子俱获，荆州遂定。

【译文】

后来关羽征讨魏国的樊城，留下部分兵力驻守公安、南郡。吕蒙上疏说："关羽讨伐樊城而留下很多守兵，必定是害怕我袭击他后方的缘故。我时常生病，可以以治病为名，分一部分兵士和我一起回建业。关羽听说这消息后，就会撤掉守兵，全部开赴襄阳。那时，我们的大军走水路，乘船昼夜逆流而上，乘他不备，袭取他的空虚所在，那么就可夺得南郡，擒获关羽。"上完奏章以后，吕蒙便声称病重，孙权就公开发布文书征召吕蒙回建业，秘密与他商议计策。关羽果真相信了，逐渐撤掉南郡的兵力开赴樊城。魏国派于禁救樊城，关羽全部俘虏了于禁等人，抓获了数万人马。又以缺粮为借口，擅自取用湘水上吴、蜀交界处吴国往来运输的粮食。孙权听到这个消息，就发兵先派遣吕蒙在前面先行。吕蒙到了寻阳，将精兵全部埋伏在大船中，让人穿上白衣装作老百姓的样子摇橹驾船，船中坐的人作商人打扮，昼夜兼程，来到关羽设置在江边的哨所，将哨所中的兵士全部俘虏，因此，关羽没有听到吕蒙进军的消息。于是吕蒙便来到南郡，蜀将士仁和南郡太守麋芳都投降了。吕蒙进占了江陵城，俘获了关羽和其他将士的全部家眷，对他们进行了安抚慰问，并约定纪律，不得干扰冒犯百姓，不能索要任何财物。吕蒙部下一个兵士，是汝南人，拿了居民家一个斗笠，用来覆盖铠甲，铠甲虽然是公物，吕蒙依然认为他犯了军令，也不能够以同乡的关系而废除法令，于是流着泪杀了他。于是军中震惊，做到了路不拾遗。吕蒙早晚让亲近的将士慰问抚恤老人，问他们缺少什么，生病的看病给药，饥寒的赐给衣服粮食。关羽府中所藏的珍宝，全部封存起来，等待孙权处理。关羽在返回江陵的路途中，多次派人到吕蒙这里探问，吕蒙则很优厚地款待关羽的使者，让他们周游城中，到各家致意问候，或者让家人亲自给作战士兵们写信。关羽的使者返回后，将士们私下互相探询，都知道家中平安无事，受到的待遇比以前更好，所以关羽的将士们都没有斗志。正巧孙权紧跟着来到了江陵，关羽知

白衣渡江

道自己势单力薄，就逃往麦城，再往西到了漳乡，众士兵都离开关羽投降孙权。孙权派遣朱然、潘璋堵住关羽必经的道路，把他们父子二人擒获了，荆州便平定下来。

【原文】

以蒙为南郡太守，封孱陵侯，赐钱一亿，黄金五百斤。蒙固辞金钱，权不许。封爵未下，会蒙疾发，权时在公安，迎置内殿，所以治护者万方，募封内有能愈蒙疾者，赐千金。时有针加，权为之惨戚，欲数见其颜色，又恐劳动，常穿壁瞻之。见小能下食则喜，顾左右言笑；不然则咄唶，夜不能寐。病中瘳，为下赦令，群臣毕贺。后更增笃，权自临视，命道士于星辰下为之请命。年四十二，遂卒于内殿。时权哀痛甚，为之降损。蒙未死时，所得金宝诸赐尽付府藏，敕主者命绝之日皆上还，丧事务约。权闻之，益以悲感。

【译文】

孙权任命吕蒙为南郡太守，封为孱陵侯，赐钱一亿，黄金五百斤。吕蒙坚决推辞所赐黄金和钱，孙权不允许。封爵令还没有下达，适逢吕蒙的病发作了，孙权当时在公安，就把吕蒙接来，安置在自己住的内殿，用了各种药方给他治病，悬赏国内能治好吕蒙病的人赏给黄金一千斤。有时扎针治病，孙权为吕蒙的疼痛而难受，想经常去探望他的病情如何，又怕惊动了他，常在墙壁上凿洞来看他。看到他稍微能进食，心中就感到高兴，对左右的人就有说有笑。如果吕蒙情况不好，就叹息不止，以至于夜间睡不着觉。吕蒙的病稍好一些，孙权就为他下赦令，群臣都来庆贺。后来吕蒙病情加重，孙权亲自到病榻前探望，命令道士在夜晚的星辰下为吕蒙祈求延寿。四十二岁时，吕蒙死于内殿。当时孙权非常悲痛，为他减乐损膳。吕蒙没死之前，把孙权赏赐给自己的金银珠宝全部交给府库收藏，命令主管的人在他死后全部上交，并嘱咐丧事务必简约。孙权听说了这些事情，更加悲哀伤感。

陆逊传

【提要】

陆逊(183—245)，三国时吴国将领。本名议，字伯言，吴郡吴县华亭(今上海市松江区)人。出身士族，孙策之婿。历任海昌屯田都尉、定威校尉。后升为偏将军。汉献帝建安二十四年(219)，助吕蒙奇袭江陵(今湖北江陵县)，擒杀蜀将关羽，夺取荆州，升任右护军、镇西将军。孙权黄武元年(222)，大败刘备于夷陵。后任荆州牧，久镇武昌(今湖北鄂州)，官至丞相兼上将军。孙权欲废太子，他屡谏，不被采纳，反而受责，遂忧愤而死。

【原文】

陆逊字伯言，吴郡吴人也。本名议，世江东大族。逊少孤，随从祖庐江太守康在官。袁术与康有隙，将攻康，康遣逊及亲戚还吴。逊年长于康子绩数岁，为之纲纪门户。

【译文】

陆逊字伯言，吴郡吴县人。本名议，世代为江东大族。陆逊年少时父亲死去，随堂祖父庐江太守陆康在庐江长大。袁术与陆康有仇，将攻陆康，陆康叫陆逊及亲戚回到吴县。陆逊比陆康的儿子陆绩长几岁，故在家替陆绩管理家务。

【原文】

孙权为将军，逊年二十一，始仕幕府，历东西曹令史，出为海昌屯田都尉，并领县事。县连年亢旱，逊开仓谷以振贫民，劝督农桑，百姓蒙赖。时吴、会稽、丹杨多有伏匿，逊陈便宜，乞与募焉。会稽山贼大帅潘临，旧为所在毒害，历年不禽。逊以手下召兵，讨治深险，所向皆服，部曲已有二千余人。鄱阳贼帅尤突作乱，复往讨之，拜定威校尉，军屯利浦。

【译文】

孙权做将军时，陆逊二十一岁，开始在将军府中做官，曾任东西曹令史，后出任海昌屯田都尉，并兼县令。这个县连年大旱，陆逊开仓放粮以救济贫民，劝勉和督促农桑生产，使百姓蒙受利益。当时，吴、会稽、丹杨三郡很多老百姓因逃避赋役而藏匿起来，陆逊向孙权陈述便国利民的事，请求招募他们。会稽山越的首领潘临，很久以来成为当地的一大祸害，历年官府都没能捉住他。陆逊率领手下招募的兵，进入深山险地实行讨伐，所到之处山越都被降服，陆逊的部队发展到二千余人。后鄱阳县贼首尤突作乱，陆逊又奉命去征讨他，被任命为定威校尉，驻兵利浦。

陆　逊

【原文】

权以兄策女配逊，数访世务。逊建议曰："方今英雄棋跱，豺狼窥望，克敌宁乱，非众不济。而山寇旧恶，依阻深地。夫腹心未平，难以图远，可大部伍，取其精锐。"权纳其策，以为帐下右部督，会丹杨贼帅费栈受曹公印绶，扇动山越，为作内应，权遣逊讨栈。栈支党多而往兵少，逊乃益施牙幢，分布鼓角，夜潜山谷间，鼓噪而前，应时破散。遂部伍东三郡，强者为兵，羸者补户，得精卒数万人，宿恶荡除，所过肃清，还屯芜湖。

【译文】

孙权把他哥哥孙策的女儿许配给陆逊，多次向他征询当代大事。陆逊建议说："当今英雄各据一方，豺狼也在暗中窥伺，要想战胜敌人，平定祸乱，没有军队不行。而山寇长期作恶，凭据深山险阻之地。这一心腹之患还没有消除，就难以做向外发展的打算。应该大规模部署军队，征讨山寇，取其精锐为兵。"孙权采纳了他的建议，用他做帐下右部督。适遇丹杨贼帅费栈接受曹公委任，煽动山越替他做内应，孙权派陆逊讨伐费栈。费栈党羽很多，而带去的兵很少，因此陆逊多树牙旗，各处布置鼓角，晚上潜入山谷间，擂鼓呐喊，向前推进，贼兵即时溃散。于是分别处置丹杨、新都、会稽三郡的山越，强壮的当兵，羸弱的补充民户，获得精兵几万人，长期的祸害一朝荡除，所过之地秩序清静，回兵驻扎在芜湖。

【原文】

会稽太守淳于式表逊枉取民人，愁扰所在。逊后诣都，言次，称式佳吏，权曰："式白君而君荐之，何也？"逊对曰："式意欲养民，是以白逊。若逊复毁式以乱圣听，不可长也。"权曰："此诚长者之事，顾人不能为耳。"

吕蒙称疾诣建业，逊往见之，谓曰："关羽接境，如何远下，后不当可忧也？"蒙曰："诚如来言，然我病笃。"逊曰："羽矜其骁气，陵轹于人。始有大功，意骄志逸，但务北进，未嫌于我，有相闻病，必益无备。今出其不意，自可禽制。下见至尊，宜好为计。"蒙曰："羽素勇猛，既难为敌，且已据荆州，恩信大行，兼始有功，胆势益盛，未易图也。"蒙至都，权问："谁可代卿者？"蒙对曰："陆逊意思深长，才堪负重，观其规虑，终可大任。而未有远名，非羽所忌，无复是过。若用之，当令外自韬隐，内察形便，然后可克。"权乃召逊，拜偏将军、右部督，代蒙。

【译文】

会稽太守淳于式上表攻击陆逊非法掠取百姓，骚扰地方。陆逊后来到京都，谈话之间称赞淳于式是个很好的官吏。孙权说："淳于式告你的状而你推荐他，这是为什么？"陆逊回答说："淳于式意在保养民力，所以告我的状。如果我又诋毁他扰乱您的视听，这种风气不可滋长。"孙权说："这确是厚道的人应做的事，只不过他人不能做罢了。"

陆逊拜将

吕蒙为了麻痹关羽，假托有病回建业，经过芜湖时，陆逊前去看望他，对他说："关羽同我们边境邻接，您怎么大老远回京都，以后不值得忧虑吗？"吕蒙说："诚如你所说的，不过我的病很重。"陆逊说："关羽夸耀自己的勇猛气概，欺凌别人。因为以前有大功，心中便骄傲放纵，只图北进，而没有怀疑我方；现在又听说你病了，必然更加不做防备。如能出其不意，一定可以生擒关羽，把他制服。您去京师见了主上，应当好生制定计策。"吕蒙说："关羽素来勇猛，很难对付，而且已占据荆州，大树恩惠和威信，加之以往有功劳，胆量气势更盛，现在还不容易打他的主意。”吕蒙到了京师，孙权问：“谁可以接替你？”吕蒙回答说：“陆逊思虑深远，才能足以担负重任，从他的谋虑来看，将来定可以大用。而现在他还不太出名，不是关羽所畏忌的，要找接替我的人，没有比他更恰当的了。如果要任用他，应当让他对外界隐蔽起来，不出头露面，而在暗中观察形势，寻找机会，然后定可以成功。”于是孙权召见陆逊，任命他为偏将军、右部督，代替吕蒙。

【原文】

逊至陆口，书与羽曰：“前承观衅而动，以律行师，小举大克，一何巍巍！敌国败绩，利在同盟，闻庆拊节，想遂席卷，共奖王纲。近以不敏，受任来西，延慕光尘，思廪良规。”又曰：“于禁等见获，遐迩欣叹，以为将军之勋足以长世，虽昔晋文城濮之师，淮阴拔赵之略，蔑以尚兹。闻徐晃等少骑驻旌，窥望麾葆。操猾虏也，忿不思难，恐潜增众，以逞其心。虽云师老，犹有骁悍。且战捷之后，常苦轻敌，古人杖术，军胜弥警，愿将军广为方计，以全独克。仆书生疏迟，忝所不堪，喜邻威德，乐自倾尽，虽未合策，犹可怀也。傥明注仰，有以察之。”羽览逊书，有谦下自托之意，意大安，无复所嫌。逊具启形状，陈其可禽之要。权乃潜军而上，使逊与吕蒙为前部，至即克公安、南郡。逊径进，领宜都太守，拜抚边将军，封华亭侯。备宜都太守樊友委郡走，诸城长吏及蛮夷君长皆降。逊请金银铜印，以假授初附。是岁建安二十四年十一月也。

【译文】

陆逊到了陆口，写信给关羽说：“前日得知您伺察敌人的破绽乘机进攻，按照严整的法度行军用兵，小小举动，便获大胜，您的功勋，何等伟大！敌国的溃败，即是盟国的胜利，因此我听到这个喜讯，不禁拍掌称贺，想您即将席卷中原，共扶王室。近日不才接受任务，来到西边，仰慕您的风采，很想听取良策。”又说：“于禁等人被擒，远近欢欣赞叹，认为将军的功勋足以永垂于世，纵使是当年晋文公城濮的胜利，淮阴侯破赵的谋略，也不能超过您的功绩。听说徐晃等以少量骑兵驻在樊城附近，窥探贵军动静。曹操是个狡猾的敌人，恐怕他会由于愤恨而忘记了失败的教训，暗中增加军队，以求一逞。虽说敌军驻扎已久，但还有勇猛强悍的士气。而且战胜之后，往往患在轻敌，因此古人运用兵法，打了胜仗，更加警惕。希望您周密地制定方略，保持自己的全胜。我是个书生，粗疏迟钝，辱居高位，力不能胜，幸喜与您这位威德卓著的将军为邻，因此很乐于尽抒愚见，虽未能合于您的计策，但可能还有点考虑的价值。倘能承蒙关注，还望加以明察。”关羽看了陆逊的信，认为他态度谦卑，有仰赖自己的意思，因此大为放心，不再有所猜疑。陆逊把这情况详细报告孙权，陈述关羽可擒的主要计策。于是孙权暗中调兵顺流而上，使陆逊与吕蒙为前军，很快就攻下了公安、南郡。陆逊径直推进，兼领宜都太守，并被任命为抚边将军，封华亭侯。刘备的宜都太守樊友弃郡而走，所属各城的官长和蛮夷首领都来投降。陆逊请颁下金、银、铜印，授予新来归附的这些人。这是建安二十四年（219）十一月的事。

【原文】

逊遣将军李异、谢旌等将三千人，攻蜀将詹晏、陈凤。异将水军，旌将步兵，断绝险要，即破晏等，生降得凤。又攻房陵太守邓辅、南乡太守郭睦，大破之。秭归大姓文布、邓凯等合夷兵数千人，首尾西方。逊复部旌讨破布、凯。布、凯脱走，蜀以为将。逊令人诱之，布帅众还降。前后斩获招纳，凡数万计。权以逊为右护军、镇西将军，进封娄侯。

【译文】

陆逊派遣将军李异、谢旌等率领三千人进攻蜀将詹晏、陈凤。李异率水军，谢旌率步兵，断绝险要，很快攻破詹晏等，并活捉陈凤，陈凤投降。又进攻房陵太守邓辅、南乡太守郭睦，把他们打得大败。秭归大姓文布、邓凯等纠合夷兵数千人，两面观望，而暗通西蜀。陆逊又部署谢旌打败文布、邓凯，布、凯脱逃，蜀用为将。陆逊叫人加以引诱，文布又率众回来归降。前后斩获招纳，总共好几万人。孙权以陆逊为右护军、镇西将军，进封娄侯。

【原文】

时荆州士人新还，仕进或未得所，逊上疏曰：“昔汉高受命，招延英异，光武中兴，群俊毕至，苟可以熙隆道教者，未必远近。今荆州始定，人物未达，臣愚偻偻，乞普加覆载抽拔之恩，令并获自进，然后四海延颈，思归大化。”权敬纳其言。

黄武元年，刘备率大众来向西界，权命逊为大都督、假节，督朱然、潘璋、宋谦、韩当、徐盛、鲜于丹、孙桓等五万人拒之。备从巫峡、建平连围至夷陵界，立数十屯，以金锦爵赏诱动诸夷，使将军冯习为大督，张南为前部，辅匡、赵融、廖淳、傅肜等各为别督，先遣吴班将数千人于平地立营，欲以挑战。诸将皆欲击之，逊曰：“此必有谲，且观之。”备知其计不可，乃引伏兵八千，从谷中出。逊曰：“所以不听诸君击班者，揣之必有巧故也。”逊上疏曰：“夷陵要害，国之关限，虽为易得，亦复易失。失之非徒损一郡之地，荆州可忧。今日争之，当令必谐。备干天常，不守窟穴而敢自送，臣虽不材，凭奉威灵，以顺讨逆，破坏在近。寻备前后行军，多败少成，推此论之，不足为戚。臣初嫌之水陆俱进，今反舍船就步，处处结营，察其布置，必无他变。伏愿至尊高枕，不以为念也。”诸将并曰：“攻备当在初，今乃令入五六百里，相衔持经七八月，其诸要害皆以固守，击之必无利矣。”逊曰：“备是猾虏，更尝事多，其军始集，思虑精专，未可干也。今住已久，不得我便，兵疲意沮，计不复生，犄角此寇，正在今日。”乃先攻一营，不利。诸将皆曰：“空杀兵耳。”逊曰：“吾已晓破之之术。”乃敕各持一把茅，以火攻，拔之。一尔势成，通率诸军同时俱攻，斩张南、冯习及胡王沙摩柯等首，破其四十余营。备将杜路、刘宁等穷逼请降。备升马鞍山，陈兵自绕。逊督促诸军四面蹙之，土崩瓦解，死者万数。备因夜遁，驿人自担烧铙铠断后，仅得入白帝城。其舟船器械，水

步军资，一时略尽，尸骸漂流，塞江而下。备大惭恚，曰："吾乃为逊所折辱，岂非天邪！"

【译文】

当时荆州流亡的士人刚回来，有的人还没有安排适当的官位，陆逊上疏说："从前汉高祖即位，招纳延用优异人才；光武中兴，很多杰出人物都前来归附。只要可以使政教昌明，用人不在乎远近。现在荆州才开始安定，有才能的人尚未显达。愚臣以恭谨之心，请您普施天覆地载的大恩，提拔他们，使他们都得以进用。这样，四海的人必定引颈倾慕，都愿归服于您伟大的教化。"孙权认真地采纳了他的建议。

蛮王沙摩柯

黄武元年（222），刘备率领大军来攻西界，孙权任命陆逊为大都督、假节，督率朱然、潘璋、宋谦、韩当、徐盛、鲜于丹、孙桓等五万人抵御。刘备从巫峡、建平连营到夷陵县界，建立了几十个营寨，以黄金、蜀锦、爵位和种种赏赐诱惑这一带的蛮夷，任用将军冯习为主将，张南为前部统领，辅匡、赵融、廖淳、傅肜等各为别部将领，先遣吴班率领几千人于平地立营，想以此挑战。诸将都主张进攻，陆逊说："这当中必定有诈，姑且观察观察。"刘备知道此计不成，便带了八千伏兵，从山谷中出来。陆逊说："之所以不让你们进攻吴班，是揣测他定有诡诈的缘故。"陆逊上疏说："夷陵是个要害之地，是国家的一道关隘，虽说容易取得，但也容易失掉。失掉了不但损失一郡之地，整个荆州都可忧虑。现在我们争夺此地，一定要保证成功。刘备干犯天理，不守巢穴，而敢来送死，臣虽不才，仰仗您的神威，以顺讨逆，打败敌人，就在近日。查刘备前后用兵，败多胜少，由此推论，不足为忧。我起初担心他水陆并进，而他现在反而舍船就步，处处结营，看他的布置，必定没有其他变故。谨愿您高枕无忧，不必挂念。"诸将却说："进攻刘备应在当初，而今竟让他深入五六百里，双方相持七八个月，他的各处险要都已固守，此时发动攻击必然得不到好处。"陆逊说："刘备是个狡猾的敌人，经历的事情多，当他的军队开始集结的时候，思虑专精，不可干犯。现在驻扎已久，没捞到我们的好处，士兵疲敝，意志沮丧，无计可施，夹击此敌，正在今日。"于是先攻一营，不利。诸将都说："白拿士兵去送死罢了。"陆逊说："我已知道攻破敌人的方法了。"便下令各持一把茅草，以火攻攻破敌营。当取胜之势形成，就统率诸军同时进攻，斩张南、冯习及胡王沙摩柯等人首级，攻破敌军四十余营。刘备部将杜路、刘宁等走投无路，乞求投降。刘备登上马鞍山，布置军队环卫自己。陆逊督促诸军四面逼攻，敌军土崩瓦解，死者上万。刘备乘夜逃走，驿站的人员将溃兵丢下的铙、铠甲担至隘口焚烧，以阻挡后面的追兵，刘备才得以逃进白帝城。蜀军的舟船器械、水军步兵的物资，一时之间几乎全部损失，尸骸漂流而下，塞满了江面。刘备非常惭愧愤恨，说："我竟被陆逊所侮辱，岂不是天意吗！"

【原文】

初，孙桓别讨备前锋于夷道，为备所围，求救于逊。逊曰："未可。"诸将曰："孙安东公族，见围已困，奈何不救？"逊曰："安东得士众心，城牢粮足，无可忧也。待吾计展，欲不救安东，安东自解。"及方略大施，备果奔溃。桓后见逊曰："前实怨不见救，定至今日，乃知调度自有方耳。"

【译文】

起初，孙桓分兵到夷道讨伐刘备的前锋，被刘备军所包围，求救于陆逊。陆逊说："还不能去救他。"诸将说："孙将军是公族，被包围，处境困难，为什么不救？"陆逊说："孙将军在士兵中很得人心，城池牢固，粮草充足，没什么值得担忧的。等我的计策施行了，即使不去救他，他也自然会解围。"及至方略施行，刘备果然崩溃逃走。孙桓后来见到陆逊，说："先前我的确抱怨您不来相救，只是到了今天，才知道您调度有方啊。"

【原文】

当御备时，诸将军或是孙策时旧将，或公室贵戚，各自矜恃，不相听从。逊案剑曰："刘备天下知名，曹操所惮，今在境界，此强对也。诸君并荷国恩，当相辑睦，共剪此虏，上报所受，而不相顺，非所谓也。仆虽书生，受命主上。国家所以屈诸君使相承望者，以仆有尺寸可称，能忍辱负重故也。各在其事，岂复得辞！军令有常，不可犯矣。"及至破备，计多出逊，诸将乃服。权闻之，曰："君何以初不启诸将违节度者邪？"逊对曰："受恩深重，任过其才。又此

诸将或任腹心，或堪爪牙，或是功臣，皆国家所当与共克定大事者。臣虽驽懦，窃慕相如、寇恂相下之义，以济国事。”权大笑称善，加拜逊辅国将军，领荆州牧，即改封江陵侯。

【译文】

当抵御刘备时，将军们有的是孙策时的旧将，有的是公室贵戚，各人都因有所仗恃而自傲，不服从陆逊指挥。陆逊按剑说：“刘备是天下闻名的人，连曹操也害怕他，现今就在我们边境，这是一个强大的对手。诸君都蒙受国恩，应当和睦相处，共灭此敌，对上报答所受的大恩，而你们却不服从指挥，太没有道理了。我虽然是书生，但我是受主上的任命。主上之所以委屈你们，使你们受我指挥，是因为我多少有点可称道的地方，能够忍辱负重。各人有各人的职责，怎么可以推辞！军令是有规定的，你们可不要违犯了。”及至打败刘备，计策大多出自陆逊，诸将才心服了。孙权听说之后，说：“您当初何以不向我报告诸将违抗指挥呢？”陆逊回答说：“我所受的恩德深重、肩负的责任超过了我的才能。而且这些将领们有的可以任心腹，有的可以做战将，有的是有功之臣，都是主上应当与他们共同完成大业的人。我虽然才劣性懦，但私下仰慕蔺相如对廉颇、寇恂对贾复的忍让精神，以完成国家之事。”孙权大笑称赞他做得对，提升他为辅国将军，兼荆州牧，并就其所驻之地改封为江陵侯。

孙　策